Harry E. Meville

Segeln für Anfänger

Ein Ratgeber für die ersten Schritte auf dem Gebiete des sportlichen Segelns (1924)

Harry E. Meville

Segeln für Anfänger

Ein Ratgeber für die ersten Schritte auf dem Gebiete des sportlichen Segelns (1924)

ISBN/EAN: 9783954270378
Erscheinungsjahr: 2012
Erscheinungsort: Bremen, Deutschland

© maritimepress in Europäischer Hochschulverlag GmbH & Co. KG, Fahrenheitstr. 1, 28359 Bremen. Alle Rechte beim Verlag und bei den jeweiligen Lizenzgebern.

www.maritimepress.de | office@maritimepress.de

Bei diesem Titel handelt es sich um den Nachdruck eines historischen, lange vergriffenen Buches. Da elektronische Druckvorlagen für diese Titel nicht existieren, musste auf alte Vorlagen zurückgegriffen werden. Hieraus zwangsläufig resultierende Qualitätsverluste bitten wir zu entschuldigen.

SEGELN
FÜR ANFÄNGER

Ein kleiner Ratgeber für die ersten Schritte
auf dem Gebiete des sportlichen Segelns

VON

H. DE MEVILLE

Mit Anhang:
RADIO IM SEGELBOOT
Von Ing. V. HAPPACH

QUELLE & MEYER / LEIPZIG

Vom Segelsport auf den märkischen Gewässern.
Nach einem Abzug aus Sattapapier.

VORWORT

Die ganz außerordentliche Verbreitung, die der Segelsport in Deutschland in den letzten Jahren erfahren hat, kommt im wesentlichen auf das Konto der sogenannten Kleinsegelei. Es ist dabei nur wünschenswert, wenn der Anfänger auf diesem Gebiet mit dem kleinen Boot beginnt, denn Segeln ist eine Kunst, die in kleinen Fahrzeugen am schnellsten und besten erlernt wird.

Freilich gehört zum vollendeten Segler auch — wie zu jeder Kunst — Talent, und wer nicht diese Gabe mitbringt, wird es weder im kleinen Boot noch in der großen, anspruchsvollen Yacht zu wirklichen Leistungen bringen.

Im übrigen kann man selbstverständlich keinen Sport, also auch nicht das Segeln, aus Büchern erlernen, und das vorliegende Werkchen kann und soll auch nicht mehr tun, als dem krassen Anfänger die ersten Schritte auf dem neuen Gebiet erleichtern, ihm bei der Wahl des ersten Fahrzeuges helfen und schließlich dafür sorgen, daß er den Ratschlägen der erfahrenen Kameraden das erforderliche Verständnis entgegenbringt.

DER VERFASSER

*

INHALT

Vorwort 5
Das Boot 7
Jollen, Gigs und Kanus
Runde und eckige Spantformen
Die Teile des Bootskörpers

Unter Segel 19
Segel setzen
Das Wegerecht auf dem Wasser
Wenden und Halsen
Reffen und Segelbergen
Ankern und an die Boje gehen

Wanderfahrten im Boot 32
Das kleine Kajüt-Boot 38
Die Pflege des Bootes 46
Der Hilfsmotor 51
Renn-Segeln 55
Die Ausrüstung des Seglers 60
Die Anschaffung eines Bootes 66
Anhang: Radio im Segelboot 71

Das Boot.

Die für den Kleinsegelsport in Deutschland in Frage kommenden Boote sind im wesentlichen:

1. Die Gig,
2. das Kanu,
3. die Jolle,

wozu zu bemerken ist, daß die unbedingt sichere Feststellung, zu welcher dieser Klassen ein gegebenes Boot gehört, auch für den Fachmann nicht immer ganz einfach ist. Für den Anfänger genügt bis zur Gewinnung der Möglichkeit selbständig zu urteilen, das Folgende:

1. Die Gig.

Die Gig ist aus dem Sport - R u d e r b o o t gleichen Namens entstanden. Der Gedanke, auf längeren Wanderfahrten günstigen Wind auszunützen, liegt naturgemäß sehr nah, und führte zur Anbringung einer kleinen, leicht ganz fortzunehmenden Beseglung, die oft recht primitiv und unpraktisch war. Erst in den letzten Jahrzehnten hat man dann mit Erfolg eine stärkere Betonung des seglerischen Moments versucht und Boote geschaffen, die in dieser Beziehung Ausgezeichnetes leisten, dabei aber nötigenfalls leicht und gut als Ein- oder Doppelskuller zu rudern sind. Charakteristisch für die Gig ist hiernach neben der sportmäßigen Rudereinrichtung ihre im Verhältnis zur Breite ziemlich große Länge.

2. Das Kanu.

Wie die Gig als „segelbares Ruderboot", ist das Kanu als segelbares P a d d e l - Boot anzusprechen. Das heißt man sitzt bei der Fortbewegung im Gegensatz zum Ruderer mit dem Gesicht nach **vorn** und handhabt einen kurzen Schaufelriemen (das Paddel) ohne Dollen frei in beiden Händen. Das Kanu ist immer vorn und hinten spitz, es gibt aber auch Jollen mit spitzem (Kanu-)Heck.

Ob das Paddelruder ein oder zwei Blätter aufweist, hängt von seiner Konstruktion als Boot ab und ist für das Segeln belanglos. Zu bemerken ist jedoch vielleicht, daß das sogenannte **kanadische** Kanu, zu dem stets ein Einblattpaddel gehört, **keine** allzu guten Segeleigenschaften besitzt.

3. Die Jolle.

Der Vater der Jolle ist das Schiffs-Beiboot gleichen Namens. Ein kleines, offenes Ruderboot, leicht und mit verhältnismäßig feinen Linien, so daß es leicht zu rudern

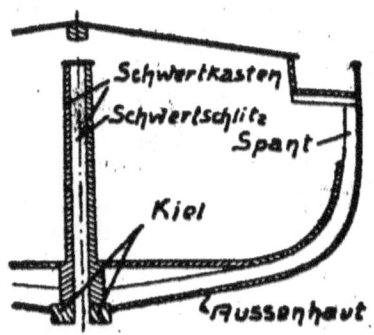

Abb. 1. Halber Querschnitt einer rundspantigen Jolle.

ist und auch unter passender Takelage gut segelt. Freilich ist ein weiter Weg von ihm bis zur modernen Rennjolle, die ein hochempfindliches, eine Meisterhand am Ruder forderndes Boot mit außerordentlich guten Segeleigenschaften darstellt. Die Rudereinrichtung der Jolle ist die eines gewöhnlichen Bootes, d. h. es wird von fester Ducht (Sitzbank) und ohne Ausleger gerudert. — Kanu- und Jollen-**Kreuzer** seien weiterhin gesondert kurz besprochen.

Das Normale für alle drei Klassen ist dabei der **Rundspanten**-Bau (Abb. 1), jedoch wendet man im wesentlichen der leichteren und billigeren Herstellung halber, auch den eckigen Spant (Abb. 2) an. Die einfache Sharpie verzichtet dabei sogar auf den Kiel und wird dem Laien als vollkommene Nachbildung des sogenannten Kahns erscheinen. In Wirklichkeit trifft das jedoch nicht zu. Die Sharpie ist vielmehr ein ganz ausgezeichneter Segler (allerdings wohl schwerer zu rudern) und besitzt dabei sogar auch eine außerordentlich hohe Stabilität. Was die Seefähigkeit der gebrochenen Spantform, des sogenannten Skippjack angeht, so dürfte die Erwähnung der in diesem Typ gebauten 9 m langen Yacht „Seabird" genügen, mit der der Herausgeber der amerikanischen Segelsportzeitschrift „The Rudder" eine Reise von New York nach Rom durchgeführt hat.

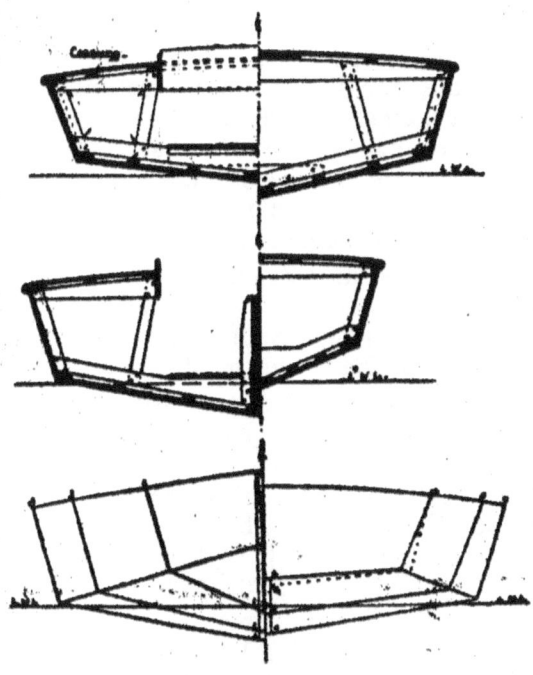

Abb. 2. Spantenriß (unten) und Querschnitte einer Jolle im Skippjack-Typ.

Es erscheint angebracht, bei dieser Gelegenheit einige Worte über die **Gefahren** des Segelsports, die vom Laien teils unter-, teils aber auch sehr stark überschätzt werden, zu sagen.

Bis zu einem gewissen Grade ist jeder Sport mit Gefahr verbunden und das Segeln macht hiervon sicher keine Ausnahme. Kleine Boote, wie die, mit denen wir uns hier besonders beschäftigen wollen, können kentern, oder, bei hohem Seegang auch vollschlagen, und es besteht die Gefahr der Kollision mit anderen Fahrzeugen, wobei der Kleinere naturgemäß übel daran ist. Auf größeren Booten haben schon brechende Takelageteile gelegentlich Unheil angerichtet, und es ist auch vorgekommen, daß bei Dunkelheit und schwerer See gelegentlich ein Mann über Bord gegangen ist. — Auf der andern Seite steht die vorhin erwähnte Ozean-Reise einer so winzigen Yacht wie die „Seabird" keineswegs vereinzelt da, und bedeutet auch nach keiner Richtung hin einen Rekord. In der, noch dazu schon recht betagten und eigenhändig ausgebesserten, nicht wesentlich größeren Jawl „S p r a y", einem ehemaligen Fischerboot, hat Kapitän Josias S l o c u m eine **vollständige Erdumsegelung** und noch dazu **ganz allein** ausgeführt, und solche Beispiele für die Leistungsfähigkeit kleiner Boote lassen sich noch eine beträchtliche Anzahl anführen!

Es kommt eben darauf an, daß der Mann am Ruder sein Handwerk versteht, und ist das der Fall, so wird er auch im kleinen, offenen Boot kaum in Lagen kommen können, denen das Fahrzeug nicht gewachsen wäre.

Die große Mehrzahl der seglerischen Unfälle ist die Folge mangelnder seglerischer und seemännischer Ausbildung des Führers. Auch wo Leichtsinn sie herbeigeführt hat, denn der wirklich ausgebildete Segler wird zwar am Ruder seines Bootes kaum **Furcht** kennen, aber er **weiß**, was er und sein Fahrzeug leisten **können**, und weiß, daß unangebrachter Leichtsinn alles eher als seemännisch und sportlich ist. —

Über das Verhalten der Insassen eines Bootes beim Kentern ist schon viel geschrieben worden. Trotzdem freilich geschieht noch oft genug das denkbar Verkehrte: —

In erster Linie ist Sorge zu tragen, daß man klar von Segeln und Tauwerk kommt. In zweiter sollte auch der gute Schwimmer, wenn das Land nicht sehr nah ist, beim Boot bleiben und dort, wenn nötig, die Hilfe erwarten, die auf den, für uns hier lediglich in Betracht kommenden Binnengewässern wohl immer verhältnismäßig schnell zur Stelle sein wird. Boote, wie sie hier in Rede stehen, schwimmen auch gekentert und geben einen Halt, den man nicht ohne Not aufgeben sollte. — Daß leichte Schwertboote sich übrigens auch ohne fremde Hilfe wieder aufrichten lassen, sei nebenan erwähnt. Allerdings gehört dazu eine geschickte Besatzung und die Sache muß etwas schnell geschehen. Solange die Segel noch nicht zum Teil unter Wasser liegen, genügt für diesen Zweck, wenn ein kräftiger, gewandter Mann auf die Schwertplatte turnt. — Im übrigen ist, das lasse sich der Anfänger zum Trost sagen, wenn er gelegentlich etwas unfreiwillig „aussteigen" muß, noch selten ein guter Reiter geworden, wer nicht schon auch wo anders als auf dem Rücken seines Gaules gesessen hat. — —

Das erste, was der angehende Segler kennen lernen soll und muß, sind nun die fachmännischen Bezeichnungen der wichtigsten Teile seines Bootes, und er sei auch hierfür auf die Abb. 1 verwiesen.

Jedes Boot (mit Ausnahme, wie schon gesagt, der Sharpie) verfügt über einen der Länge nach durchlaufen-

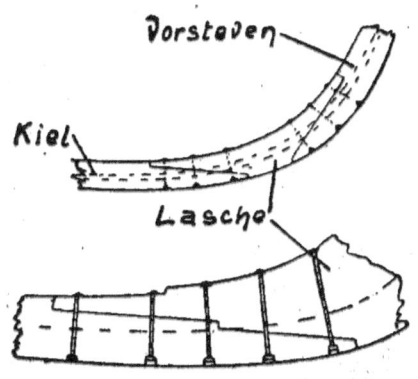

Abb. 3. Verbindung von Kiel und Vorsteven.

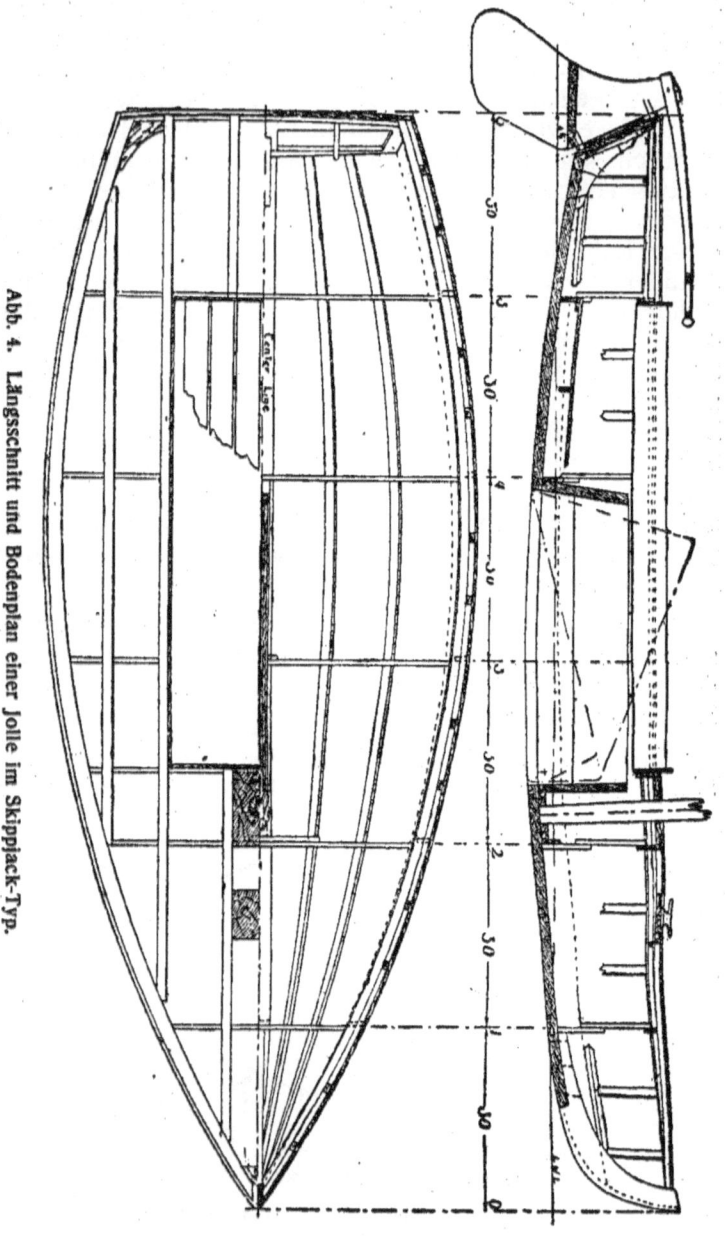

Abb. 4. Längsschnitt und Bodenplan einer Jolle im Skipjack-Typ.

den Bauteil, der gewissermaßen dem Rückgrat des menschlichen Körpers zu vergleichen ist: den K i e l. Vorn und hinten (der Seemann sagt „achter") erscheint der Kiel aufgebogen und läuft in die S t e v e n aus. Das mehr oder weniger breite Brett, das der Achtersteven als Abschluß trägt, heißt H e c k - oder S p i e g e l b r e t t, unter der Bezeichnung Heck allein versteht man das Hinterschiff als solches. Vergleicht man den Kiel mit dem Rückgrat, so liegt es nahe, nach den Rippen zu suchen, und wir finden diese auch, und zwar in Gestalt der S p a n t e n wieder, die insofern von besonderer Wichtigkeit sind, als sie nicht nur der Außenhaut den

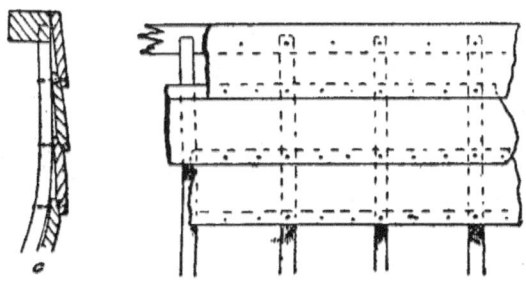

Abb. 5. Außenhaut geklinkert.

erforderlichen Halt geben, sondern auch die Formen des ganzen Bootes bestimmen. Auf den Spanten wird dann die aus einzelnen P l a n k e n (Brettern) bestehende Außenhaut befestigt, und zwar kann dies auf ver-

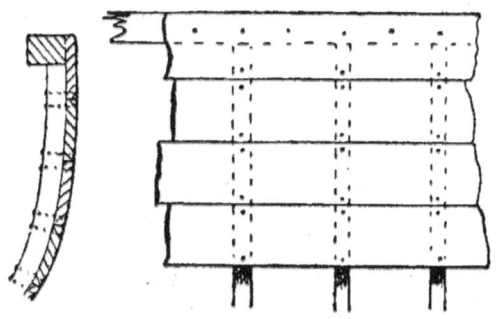

Abb. 6. Außenhaut karvel.

schiedene Art geschehen. Man unterscheidet Karvel-, Klinker- und (bei kleinen Booten selten oder nie vorkommend) Diagonalbau. Eine besondere Erklärung erscheint überflüssig, das Erforderliche dürfte aus Abb. 5 und 6 ersichtlich sein.

Gewöhnlich sind Segelboote vorn und achter wenigstens ein Stück eingedeckt, wodurch die Sicherheit erhöht und Stauraum für mitzuführende Sachen, Proviant, Segel usw. geschaffen wird. Eine, wenn auch schmale, seitliche Eindeckung dient insofern noch weiter zur Erhöhung der Sicherheit, als bei starker Neigung des Bootes das Wasser nicht so leicht in das Innere dringen kann.

Im Boot angebrachte Sitzbänke, die quer (seemännisch dwars) oder längs laufen können, nennt man Duchten.

Alle derartigen Boote nun besitzen in seglerischer Beziehung einen großen Fehler: den verhältnismäßig sehr geringen Tiefgang, der bei seitlichem Winddruck insofern sehr störend wirkt, als auf diese Weise das Boot gewissermaßen nicht genügenden Halt im Wasser findet, um den Winddruck restlos in Vorwärtsgang umzusetzen und auch seitlich ausweicht, oder wie man seemännisch sagt, abtreibt. Diesem Übelstande begegnet das sogenannte Schwert. Es ist dies eine hölzerne oder (meist) metallene Platte, die im allgemeinen fest im Boot angeordnet ist und um einen Zapfen aufgezogen oder niedergelassen werden kann. Man kann nächstdem das Schwert auch beschweren (als sogen. Ballast-Schwert) und das Boot auf diese Weise wie einen Flossenkieler unkenterbar machen. Die Erfahrung hat aber gelehrt, daß es dadurch erheblich an seglerischen Qualitäten verliert, und der echte Kleinsegler verläßt sich lieber auf seine seglerische Kunst. Umsomehr als auf Binnengewässern auch das Kentern eines offenen Bootes nicht so gefährlich ist, wie es oben bereits ausgeführt wurde. Kanus und ganz kleine Fahrzeuge verwenden zuweilen auch lose Schwerter, die entweder auf der Leeseite über Bord gehängt (Seiten-) oder durch einen normalen Schlitz in der Bootsmitte hindurchgesteckt (S t e c h s c h w e r t) werden. Sehr breite, flachbodige Boote verwenden zuweilen sogenannte K i m m s c h w e r t e r , die jedoch in Deutschland selten und in den Klassenbooten der Verbände verboten sind.

Für die Besegelung unserer Boote kommen drei Formen in Frage, die in Abb. 7, 8 und 9 dargestellt sind und auch wohl keine weitere Beschreibung erfordern. Zu sagen ist jedoch, daß das Lugger- oder Raasegel den beiden anderen nicht ganz ebenbürtig ist, weil es nicht gleich gut zum Stehen zu bringen ist. Wo man auf den Preisunterschied keine Rücksicht zu nehmen braucht, wird man also die Gaffel-, bzw. die modernere (und für kleine Boote auch in jeder Hinsicht geeignetere) Hochtakelage wählen. Die Benennung der einzelnen Hölzer der Besegelung (der Seemann sagt S p i e r e n) geht ebenfalls aus Abb. 7 hervor.

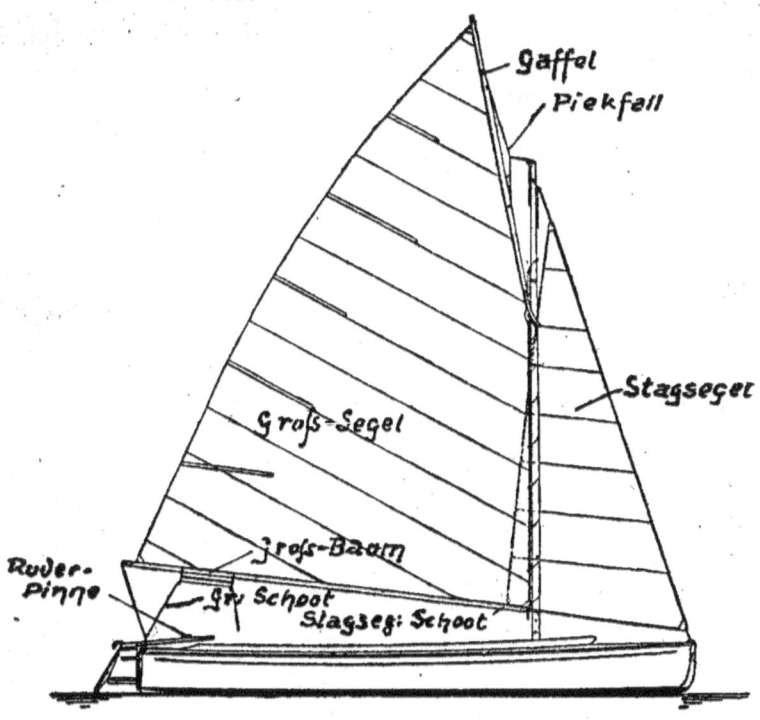

Abb. 7. Jolle mit Gaffel- (Sloop-Takelage).

15

Es liegt auf der Hand, daß zum mindesten bei einer größeren Segelfläche der Mast einen erheblichen Druck auszuhalten und aufzunehmen hat. Bei etwas größeren Booten gibt man ihm also gern eine entsprechende Stütze in Gestalt von Drahttauen, die von seiner Spitze (dem M a s t - T o p p) nach den Seiten des Bootes laufen, den sogenannten Pardunen. Gegebenenfalls läuft an jeder Seite noch eins dieser Taue weiter nach achter und ist zum Holen und Loswerfen eingerichtet. Man nennt sie B a c k s t a g e, ihren Gebrauch werden wir weiterhin noch kennen lernen. Nach vorn wird der Mast gleichfalls durch ein Drahttau, das S t a g gestützt.

Das Normale für ein kleines Boot ist dabei ein Mast, mit einem Segel, dem sogenannten G r o ß s e g e l, und einem kleineren zwischen Masttopp und Vorsteven (also in der Richtung des Stags ausgespannten „g e s e t z t e n") S t a g s e g e l, auch F o c k genannt. Der Ausdruck Stagsegel ist dabei aus der Großschiffahrt übernommen, wo diese Segel mit kleinen Ringen am Stag befestigt sind. Auf Sportfahrzeugen werden sie normalerweise lose gefahren. Gigs und Kanus führen, wie die Abbildungen dies zeigen, oft z w e i und selbst d r e i M a s t e n (im

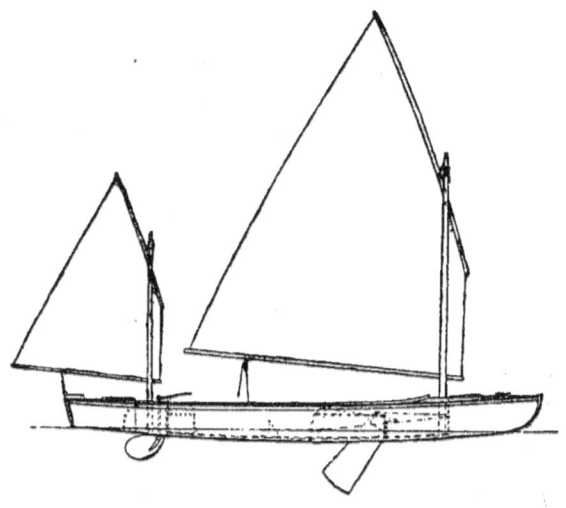

Abb. 8. Zweimaster-Gig mit Luggersegeln.

Segelsport im Kieler Hafen.
Nach einem Abzug auf Satrap-Papier.

Kanadier auf der Übungsfahrt.
Phot. Hohmann

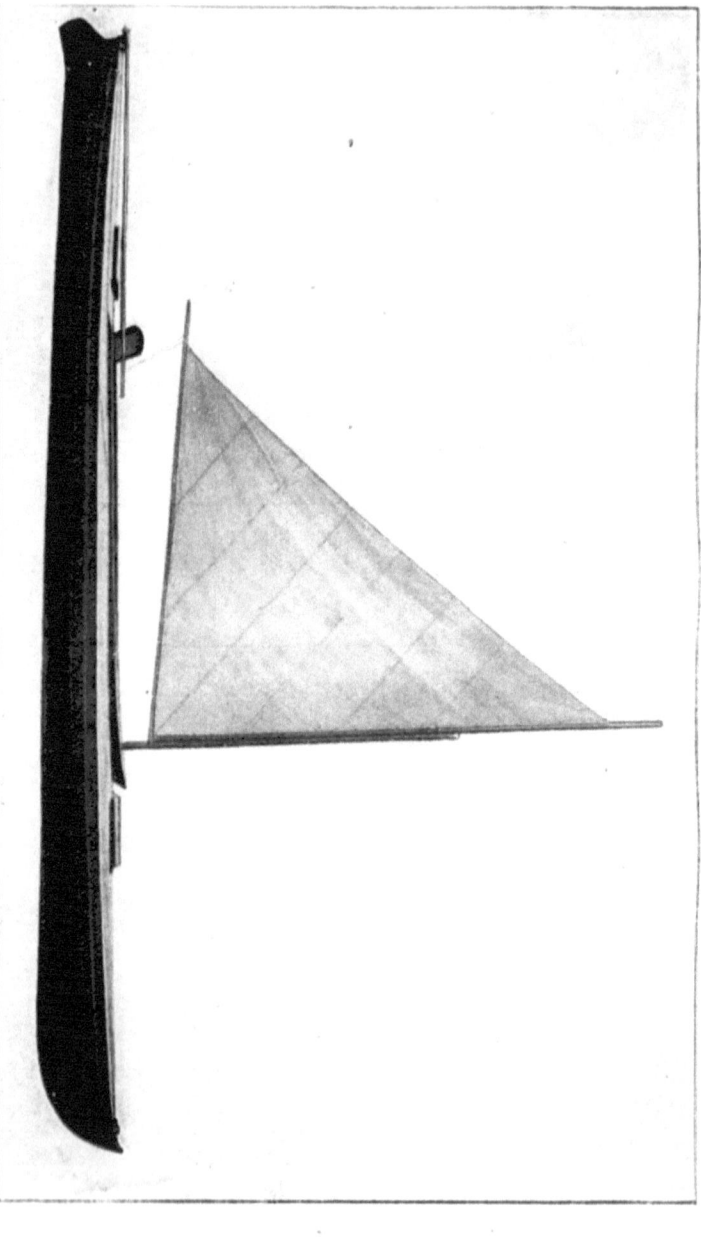

Wandertandem mit Besegelung.

Mit Genehmigung der Grefrath-Werft, Hamburg.

letzteren Fall allerdings stets ohne ein Stagsegel). Bei zwei Masten heißt der vordere G r o ß m a s t (mit Großsegel) der achtere B e s a n - oder T r e i b e r m a s t (mit Besan oder Treiber). Werden drei Segel an Masten gefahren, oder steht der vordere ganz vorn im Bug, so heißt der Vordermast F o c k m a s t (mit Fock).

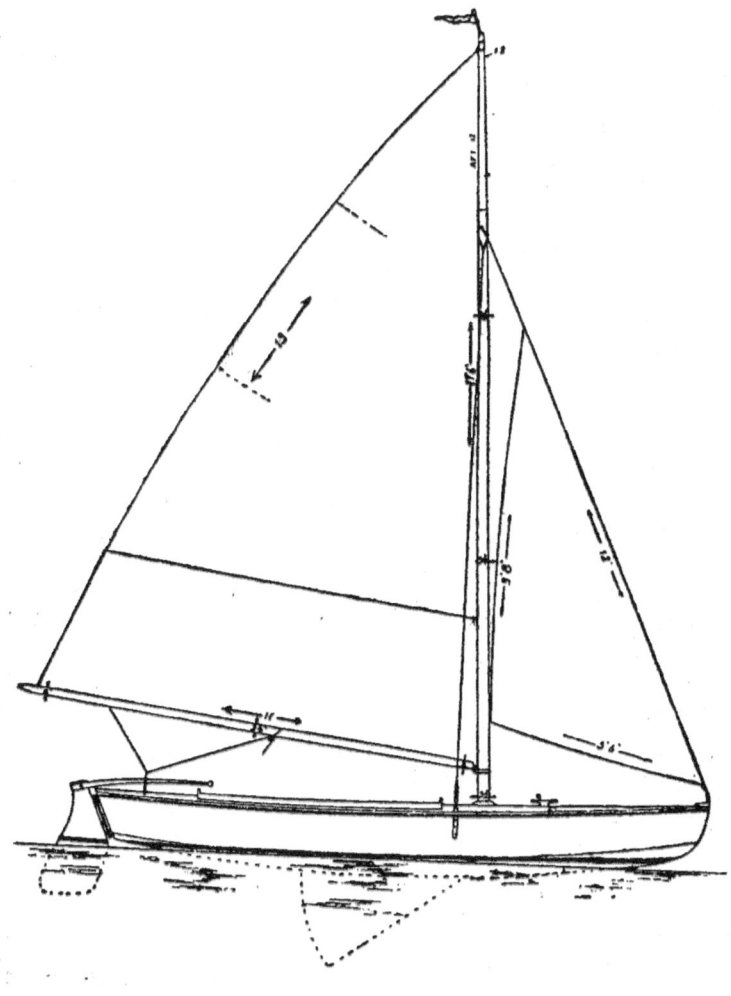

Abb. 9. Jolle mit Hochtakelage.

Zum Hochziehen (Heißen oder Setzen¹) aller Segel, dient das F a l l, je nach der Größe des Segels ein einfaches Tau (der Seemann sagt „E n d e"), oder ein Flaschenzug, den man seemännisch T a l j e nennt. Das Gaffelsegel braucht zwei Fallen, von denen das am Mastende der Gaffel (der sogenannten G a f f e l - K l a u) angreifende das K l a u f a l l, das vorn an der Spitze (P i e k oder N o c k) angreifende P i e k f a l l genannt wird. Zum Halten des Segels im Wind dienen weitere Enden: die S c h o o t e n. Also: G r o ß (-Segel)S c h o o t, F o c k- oder S t a g s e g e l s c h o o t, B e s a n s c h o o t. Die v o r d e r e, u n t e r e E c k e des Segels nennt man H a l s, mit welchem Namen man bei Lugger- und Stagsegeln auch das kurze Ende bezeichnet, das dazu dient, das Segel zu halten.

Es dürfte hiermit in gedrungener Kürze das Wichtigste von dem gegeben sein, was der Laie wissen muß, um nicht vollständig ahnungslos vor seinem ersten Boot zu stehen, und die schon hierbei erforderliche Anzahl von besonderen Namen für die einzelnen Gegenstände, die wir aufgeführt haben, dürften dem Anfänger zeigen, daß in dieser Hinsicht Segeln gut und gern so „schwierig" ist, wie etwa die Betätigung als Jäger. Dabei kann bei dem hier nur zur Verfügung stehenden Raum wirklich nur ein A n f a n g gegeben werden, aber, wer das Gebotene sich wirklich zu eigen macht, wird wenigstens nicht mehr ganz mit der berühmten „Schimmerlosigkeit" vor die älteren Kameraden treten, und er wird sehr schnell einsehen, daß damit umsomehr gewonnen ist, als er in der Praxis erheblich schneller lernen und begreifen wird. Im übrigen wollen wir auch in den weiteren Abschnitten in aller Kürze in medias res gehen. — Den „Schliff" kann immer nur die Praxis auf dem Wasser geben.

---

¹) Der Gegensatz von Heißen, also das Herunterlassen des Segels, heißt F i e r e n.

Unter Segel.

Es sei angenommen, wir hätten nach dem Vorstehenden uns für eine einfache, moderne S e g e l j o l l e nach Abb. 7 entschieden, um nunmehr — sicherlich nicht ohne einiges Herzklopfen— bei entsprechend leichtem Wind die ersten praktischen Segelversuche zu machen. Das Boot verfügt, wie wir aus dem vorigen Abschnitt hoffentlich noch wissen, über G r o ß s e g e l und S t a g s e g e l und liegt in stromlosem Wasser mit der Nase im Winde an seiner Boje, wie dies in Abb. 10 skizzenhaft dargestellt ist. Ein Freund (in der Praxis wird es gut sein, wenn er in der Kunst des Segelns etwas vorgeschritten ist und den neuen Eigner anlernen kann) ist zur Unterstützung mit an Bord gekommen. — Also: Segel setzen! —

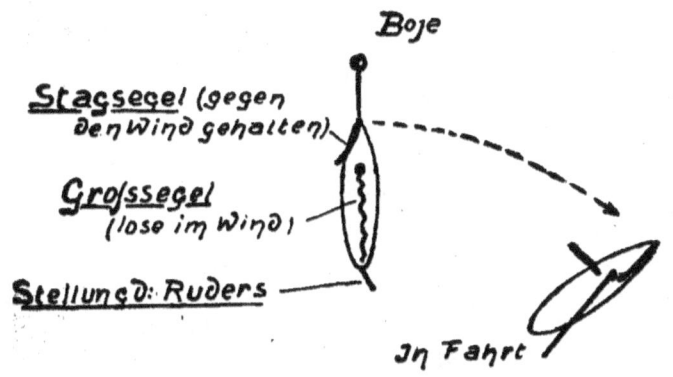

Abb. 10. Von der Boje unter Segel.

In kleinen Booten dieser Art setze man zuerst das Stagsegel. Erstens braucht man es, wie wir sehen werden, um den Vorsteven aus dem Wind zu bekommen, aber das ließe sich auch so erzielen, zweitens aber wird es durch die größere Last des Großsegels nachher noch gestreckt und steht dann besser. Wir entnehmen also das Segel seinem Behälter, schäkeln den Hals (hier wohl immer ein größerer Karabinerhaken) in den dafür am Vorsteven vorgesehenen Beschlag ein und suchen uns das Fall heraus, das seinerseits im „Kopf" oder „Heiß" des Segels (seine obere Ecke) eingeschäkelt wird. Dann wird noch die Schoot befestigt und das Segel so steif wie möglich geheißt. — Daß man bei stärkerem Winde gut tut, sich von dem Segel nicht schlagen zu lassen, wird man gelegentlich merken.

Während der eine Mann die Vorbereitungen für das Stagsegel trifft und dies bis zum Strecken, zu dem nötigenfalls beide anfassen, heißt, hat der andere das Großsegel von seinen Hüllen (den darüber gelegten S e g e l p e r s e n n i n g s) befreit, und es steigt nun auch dies möglichst gleichmäßig — die Piek heißt sich leichter, es empfiehlt sich aber nicht, davon allzu ausgedehnten Gebrauch zu machen, am Mast in die Höhe. Zu beachten ist dabei, daß der Baum des Segels in Ruhe in einem sogenannten B o c k liegt, der umfallen und möglichst zu Wasser gehen würde, wenn man ihm nicht die gehörige Beachtung schenken wollte. Der Baum ist für diesen Zweck mit einem von seinem äußeren Ende (N o c k) nach dem Mast und von dort durch einen kleinen Block an Deck geführten Tau, der D i r k oder K r a n l e i n e, ausgerüstet. Diese wird also steif gesetzt und dann der Bock entfernt, so daß der Baum nun in der Dirk hängt.

Auch das Großsegel „steht".

In Eile wird die Lose der Großschoot durchgeholt und das R u d e r (nur der krasse Landlubber sagt Steuer!) ergriffen, während der zweite Mann die Bojenleine loswirft und das Stagsegel mit der Hand gegen den Wind drückt, so daß der Kopf des Bootes nach der gewünschten Seite hin abgedreht wird. Jetzt füllt sich auch das Großsegel und ruckt an der Schoot, die nachgelassen (g e f i e r t) wird, bis der Baum mit der Mittellinie unseres Bootes einen Winkel von etwa 30—40° bildet. S c h w e r t h e r u n t e r! — Das Boot legt sich leicht zur Seite, die Stagsegelschoot wird gleichfalls auf der, vom Winde abliegenden Seile dicht geholt und w i r s i n d i n F a h r t. —

Dazu ist zunächst noch eine Kleinigkeit zu lernen: das Boot hat nicht nur, wie wir bereits gelernt haben, einen Vorsteven (auch B u g genannt) und einen Spiegel

(Heck), sondern auch zwei Seiten, und zwar nennt man von diesen die von dem nach vorn blickenden Steuermann aus rechts liegende: Steuerbord-, die links liegende: Backbordseite. Angenommen, unser Schiff sei unter den geschilderten Umständen nach rechts hin abgesegelt, so sagt man, es „segelt über Steuerbordbug am Winde". — Weiter pflegt man unter Segeln die Seiten aber nach dem Winde zu bezeichnen und nennt die Seite, von der er kommt: Luv-, die von ihm abgekehrte: Leeseite. In unserm Falle sind also, wie ein wenig Nachdenken zeigt, die Schooten der Segel auf unserer rechten Seite angeholt, oder, wie es seemännisch heißt: wir segeln mit Steuerbord-Schooten.

Es ist das von einiger Wichtigkeit für unser Verhalten auf dem Wasser, wenn wir anderen Booten begegnen können, denn es treten nun die Vorschriften des Wegerechtes in Kraft, die wir hier zunächst schon insofern im Wortlaut wiedergeben wollen, als ihre unbedingte Beherrschung erste Pflicht des Seglers und Sportsmannes ist. Zu bemerken ist dabei, daß diese Vorschriften, soweit sie dem See-Recht entnommen sind, an große Schiffe mit Raa-Takelage denken, die den Hals ihrer Segel (s. v.) nicht wie wir in der Schiffsmitte, sondern wirklich im Winde stehen haben und daher sinngemäß von einem Segeln mit Backbord-, bzw. Steuerbordhalsen sprechen. Wir geben hier die neuen, für Binnenwasserstraßen bearbeiteten Vorschriften, wieder, soweit sie für Segler in Betracht kommen, und zu beachten sind.

Allgemeine Vorschriften. Der Abstand der Fahrzeuge muß von Ufer- und Strombauwerken so groß sein, daß letztere nicht berührt werden. Mäßigung der Fahrt bedeutet halbe Fahrtgeschwindigkeit. Langsame Fahrt höchstens 3 km/Stunde.

Segeln ist auch auf engen Flußstrecken und Kanalhaltungen (soweit besondere Strecken nicht verboten sind) gestattet. (Breite des Segels jedoch nur 6 m in engen Gewässern).

Treideln ist nur vom Leinpfad aus gestattet, rechts der Fahrtrichtung. Leere Fahrzeuge dürfen auch von der linken Seite aus getreidelt werden, wenn dies die Windseite ist und der Verkehr nicht behindert wird. Beim Begegnen muß das Talfahrzeug Leine und Ziehbaum fallen lassen. Die Fahrzeuge sollen 3 m vom Wasserrand entfernt bleiben.

Allgemeine Ausweicheregeln. Talfahrt bedeutet immer die Richtung der Strömung, Bergfahrt das Umgekehrte. Wenn kein Hinderungsgrund vorhanden, haben die Fahrzeuge und Flöße stets die rechte Seite des Fahrwassers einzuhalten, ebenso erfolgt das Ausweichen allgemein nach rechts, besonders auf Kanälen und engen Flußstrecken. An Arbeitsschiffen ist auf der durch ihr Signal angegebenen Seite vorbeizufahren. Langsame Fahrzeuge müssen schnellfahrende vorbeilassen, wenn dies ohne Störung der Schiffahrt möglich ist. Das Überholen ist verboten: näher als 15 m ober- und unterhalb von Brücken und in engen Brückenöffnungen unter 30 m Weite, ferner in Stromengen, die durch Tafeln bezeichnet sind.

Ausweicheregeln für Dampfer: Jeder Dampfer ohne Anhang hat jedem Segelfahrzeug und Floß auszuweichen. Führer von Segelfahrzeugen oder Flößen, welche den Kurs eines Dampfers näher als 60 m kreuzen oder die einen Dampfer aus Mutwillen zum Ausweichen nötigen, machen sich strafbar. Der Dampfer muß jedoch seinen Kurs beim Begegnen und Überholen den betreffenden Fahrzeugen durch Signal angeben (Warnungssignal beim Überholen). Beim Vorbeifahren haben die Dampfer so langsam zu fahren, daß die anderen Fahrzeuge durch Wellen oder Sog nicht gefährdet werden. (Gilt auch für Kraftfahrzeuge Booten gegenüber.) Bei Gefahr des Zusammenstoßes muß der Dampfer Fahrt mindern, abstoppen und rückwärts gehen. Das erste Signal haben zu geben:

Beim Begegnen zweier Dampfer: das Talfahrzeug.

Beim Begegnen von Dampfer und Segelfahrzeug oder Floß: der Dampfer:

Beim Begegnen von Schleppzügen und andern Fahrzeugen: der Schleppdampfer.

Beim Begegnen von Segelfahrzeugen oder Flößen: das Bergfahrzeug.

Beim Überholen: das überholende Fahrzeug.

Schleppzügen gegenüber hat jedes allein fahrende Fahrzeug auszuweichen. Beim Begegnen und Überholen hat das andere Fahrzeug das erste Signal zu beantworten. Art der Signale und der Gang der weiteren Verständigung ergeben sich aus der Signalordnung.

Ausweicheregeln für Segelboote untereinander. Für das Ausweichen von Segelbooten untereinander gelten folgende Bestimmungen:

1. Das Segelboot mit raumem Winde (s. Abb. 11) muß demjenigen ausweichen, das beim Winde segelt. Das Segelboot v o r dem Winde hat a l l e n a n d e r e n S e g e l b o o t e n auszuweichen.

2. Begegnen sich zwei Segelboote mit raumem Wind von verschiedenen Seiten, so muß dasjenige ausweichen, welches Steuerbordschooten (den W i n d also von l i n k s) hat.

3. Begegnen sich zwei Segelboote beim Kreuzen, so muß dasjenige ausweichen, welches Steuerbordschooten (den Wind von links) hat.

4. Haben die Segelboote raumen Wind von derselben Seite, so muß das luvwärts befindliche Segelboot ausweichen.

5. Jedes überholende Segelboot hat dem zu überholenden aus dem Wege zu gehen.

6. D i e n i c h t z u m A u s w e i c h e n v e r p f l i c h t e t e n S e g e l b o o t e h a b e n i h r e n K u r s e i n z u h a l t e n.

Ausweicheregeln für Ruderboote untereinander:

1. Ruderboote weichen einander beim Begegnen rechts aus und überholen links.

2. Wenn die Kurse zweier Ruderboote sich so kreuzen, daß Gefahr des Zusammenstoßes besteht, so muß dasjenige Boot aus dem Wege gehen, welches das andere an seiner rechten Seite hat.

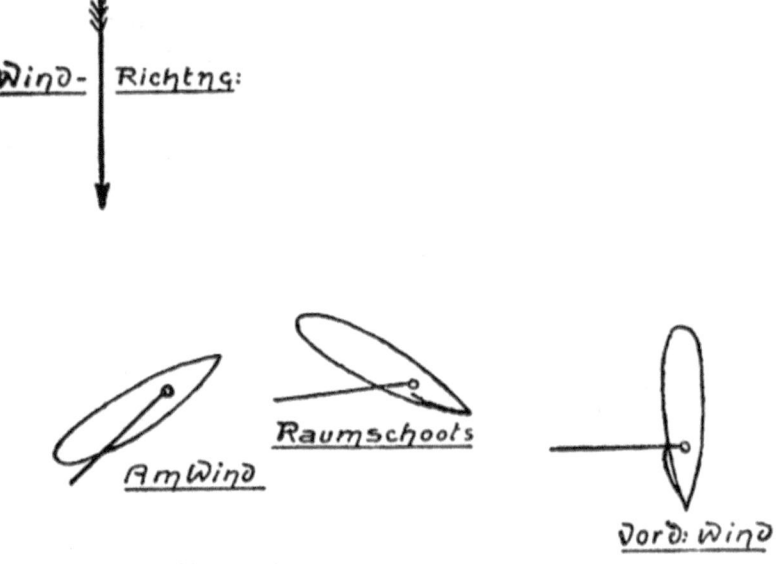

Abb. 11. Die Stellung des Bootes zum Wind.

Ausweicheregeln für Ruderboote und Segelboote untereinander:
1. Ruderboote haben Segelbooten auszuweichen oder haben Platz zum Vorbeifahren zu lassen.
2. Segelbare Ruder- und Paddelboote (Gigs und Kanoés) gelten als Segelboote, sobald sie nur durch Segel fortbewegt, dagegen als Ruderboote, sobald Ruder oder Paddel zur Fortbewegung mitbenutzt werden.

Eine Betrachtung dieser Bestimmungen dürfen auch für den Laien ergeben, daß sie im Grunde nicht von dem, auch für den Landverkehr seit jeher geltendem Gesetz: rechts ausweichen, links überholen, verschieden sind. Soweit Abweichungen vorliegen, resultieren sie aus der Tatsache, daß Segler (aber auch

Schlepper usw.) in ihrer Bewegungsfreiheit nicht ganz unbehindert sind, und bestimmen in diesen Fällen durchaus sinngemäß, daß derjenige auszuweichen hat, der dazu am leichtesten imstande ist. Daher auch der Unterschied zwischen Steuerbord und Backbordschooten. Das mit Steuerbordschooten segelnde Boot braucht, um die Forderung „rechts ausweichen" zu erfüllen, lediglich etwas Ruder zu legen und vom Winde abzufallen, während das andere ganz durch den Wind drehen müßte usw. — Daß Dampfer, Motor- und Ruderboote jedem Segler gegenüber ausweichepflichtig sind, ergibt sich hiernach von selbst aus der Tatsache, daß sie in der Wahl ihrer Fahrtrichtung völlig unbeschränkt sind.

Neben diesen Bestimmungen, deren unbedingte Beherrschung selbstverständlich vornehmste Pflicht jedes Seglers ist, hat aber der angehende Sportsegler sich noch zwei Dinge einzuprägen:

Es ist, soweit nicht eine sachliche Notwendigkeit vorliegt, nicht sportlich, Fahrzeugen der Erwerbsschiffahrt gegenüber auf dem Wegerecht zu bestehen. Das „Wasserfahren", das für uns Erholung und Vergnügen bedeutet, ist für diese Leute harter Broterwerb, und die sportliche Vornehmheit verlangt, daß man dies in Rechnung stellt. Dann aber besteht — sehr vernünftigerweise — noch ein abschließender Paragraph des Wegerechts, der besagt, daß

„in Fällen einer vorhandenen Gefahr jeder Schiffsführer, unabhängig von den Einzelbestimmungen, einfach alles zu tun verpflichtet ist, was geeignet scheint, den Zusammenstoß abzuwenden!"

* * *

Aber auch angenommen, daß zunächst keine fremden Fahrzeuge unsere Kenntnisse auf die Probe stellen, wird es sich doch sehr bald als nötig erweisen, den aufgenommenen Kurs zu ändern. Sei es, daß das Ufer unserem Tatendrang ein Ziel setzt, sei es, daß das Ziel, das wir uns gesteckt haben, in anderer als der zunächst eingeschlagenen Richtung liegt, und wir aus diesem Grunde die Fahrtrichtung ändern müssen.

Soweit dies durch einfaches Abfallen möglich ist, zeigt uns die Skizze 11 den Weg dazu. Aus dem Kurs a m Winde (a) kommen wir durch Legen der Ruderzinne nach Backbord (Luv) und Abfieren der Segel auf r a u - m e n Kurs (b) und schließlich v o r d e n W i n d (c). Anders liegt aber die Sache, wenn, wie in vielen Fällen, unser Ziel selbst an Backbord, also luvwärts von uns bzw. gerade in der Windrichtung liegt. Auf geradem Wege ist es hier überhaupt nicht zu erreichen und es bleibt nur übrig, a u f z u k r e u z e n, oder, wie der Landbewohner so schön sagt: zu „lavieren".

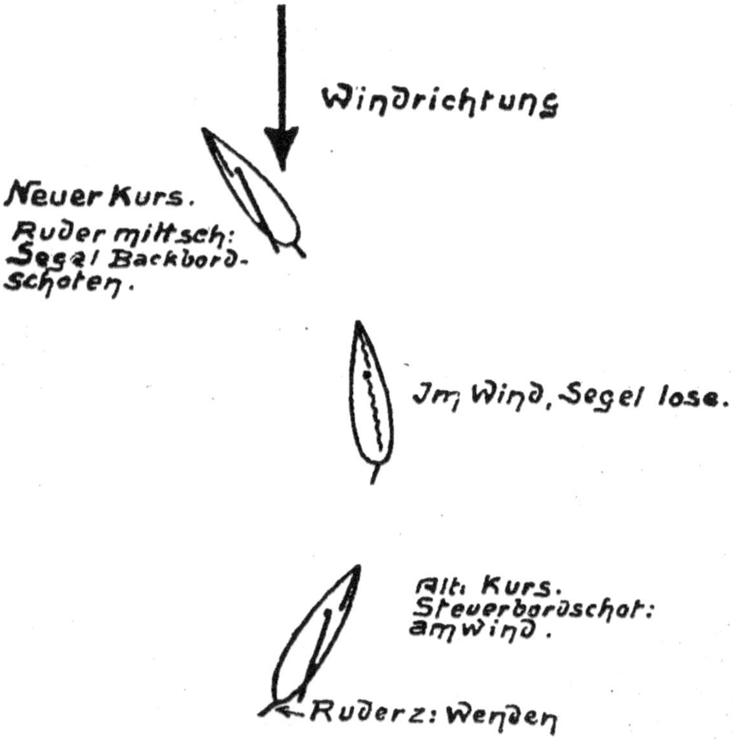

Windrichtung

Neuer Kurs.
Ruder mittsch:
Segel Backbord-
schoten.

Jm Wind, Segel lose.

Alt. Kurs.
Steuerbordschot:
amwind.
←Ruderz: Wenden

Abb. 12. Boot beim Wenden.

Wie das gemacht wird, ist aus Abb. 12 deutlich erkennbar. Wir segeln, dicht am Winde ein Stück über Steuerbordbug, drehen scharf nach Luv, bis der Wind von der andern Seite in die Segel kommt und segeln über den neuen Bug weiter, bis eine Wiederholung angebracht erscheint. Der Seemann nennt dies Manöver „Ü b e r - S t a g - G e h e n", oder, wenn sich dabei der Bug nach Luv, also durch den Wind dreht: W e n d e n , wenn es auf umgekehrtem Wege geschieht: H a l s e n , und wir wollen uns dies nun etwas näher betrachten.

Wohl die meisten Hand- und Lehrbücher geben an dieser Stelle eine Menge Gelehrsamkeit, und wer als Segler seinen Sport wirklich liebt, wird auch selbst finden, daß Wenden und Wenden ein erheblicher Unterschied ist. Ganz besonders natürlich mit einem hochempfindlichen Rennboot, wenn es, möglichst bei flauem Winde, auf Bruchteile von Sekunden ankommt, die, einmal verschenkt, uneinbringlich sind. Auf der anderen Seite gehört das u. E. zu den Dingen, die wirklich noch kaum durch die praktische Unterweisung eines erfahrenen Kameraden zu l e r n e n sind, sondern für die man eben das schon erwähnte T a l e n t haben muß, wenn man mehr als den Durchschnitt leisten will. Wer dieses Talent mitbringt, wird sehr bald, wenn er nur die einfachsten Grundregeln der Handhabung eines Bootes beherrscht, fühlen, daß das Boot unter Segel e i n l e b e n d e s W e s e n m i t s e h r a u s g e p r ä g t e n E i g e n h e i t e n ist, so daß z. B. Hilfen und Maßnahmen, die für das eine unerläßlich scheinen, bei dem andern nicht nur überflüssig, sondern durchaus unangebracht sind. Ein modernes Boot wird sicher auf einfaches Ruderlegen (was l a n g s a m und m ä ß i g zu geschehen hat!) glatt durch den Wind drehen, ohne irgend einer Nachhilfe zu bedürfen. Im übrigen sind diese Nachhilfen selbst durchaus einfach und logisch: Man holt beim Ruderlegen die Großschoot dicht, um den Winddruck auf das Hinterschiff zu verstärken, fiert langsam die Stagsegelschoot (mit der entgegengesetzten Wirkung) und wirft sie los, wenn das Segel anfängt zu flattern (k i l l e n sagt man seemännisch). Bei schwer wendenden Booten wird man das Stagsegel etwas länger stehen lassen, damit es hilft, den Bug nach der neuen Leeseite zu drücken, und es gehört auch einige Praxis dazu, die neue Schoot rechtzeitig dicht zu holen, d. h. bevor das Segel ganz voll steht.

Alles dies sind aber, wie gesagt, Dinge, die man nur in der Praxis wirklich lernen wird. Ebenso wie andere Feinheiten des Segelns, z. B. die richtige Lage des Baumes bei jeder Windrichtung u. a. m. —

Das schon erwähnte Halsen scheidet praktisch für den Binnensegler nahezu aus, was sich zunächst dahin auswirkt, daß man hier ganz unseemännisch unter dieser Bezeichnung eigentlich das Übergehen des Segels auf einer Vorwindtour versteht. Immerhin muß das Wesen auch dieses Manövers kurz erklärt werden.

Halsen heißt W e n d e n v o r d e m W i n d. Das Boot fällt also durch entsprechendes Ruderlegen zunächst ab, bis es ganz vor dem Wind läuft. Beim Weiterdrehen bekommt nun das Großsegel den Wind von vorn und fliegt von selbst nach der anderen Seite herunter, etwas, was natürlich, auch ohne Absicht passieren kann, wenn der Wind seinerseits beim Vorwindsegeln unregelmäßig ist und plötzlich die Richtung ändert, oder auch ein unaufmerksamer Steuermann das Boot vom Kurs abweichen (g i e r e n) läßt. Es handelt sich hier um eine Sache, die bei frischem Winde s e h r u n a n g e n e h m werden kann. Abgesehen davon, daß der Baum nicht so hoch liegt, daß er nicht, wenn das Übergehen ganz unvermutet kommt, mit irgend einem Kopf in unliebsame Berührung kommen könnte — und er ist wirklich härter als selbst recht solide Schädel — kann er bei starkem Winde mit solcher Gewalt herumschlagen, daß die ganze Takelage von oben kommt! Aufpassen, entsprechendes Ruderlegen, und rechtzeitiges, schnelles Einholen der lose kommenden Großschoot sind die Hilfsmittel gegen solches Geschehen. —

Während unseres Unterrichts ist nun der Wind erheblich an Stärke gewachsen. Das Boot macht rauschende Fahrt und legt sich stark nach Lee über, was die Insassen wohl ganz von selbst veranlassen wird, sich mehr und mehr nach Luv zu setzen und durch das Gewicht ihrer Körper der Neigung entgegen zu wirken. Jetzt aber wird die Sache ernst! — Ein plötzlicher Windstoß — eine B ö — braust heran und es erscheint selbst dem Laien begreiflich, daß das Boot ein weiteres Überlegen nach Lee nicht vertragen dürfte. — Wohl die meisten Anfänger werden in solcher Lage das instinktive Gefühl haben, der Gefahr entfliehen zu sollen und den Kopf des Bootes vom Wind abdrehen zu lassen, aber in diesem Fall ist der Instinkt n i c h t das Richtige. Der Wind wirft in dieser Lage das lose Großsegel wie einen Ballon nach oben und das Resultat ist ein Gieren und Schlingern des Bootes (das dabei nicht selten stromweise Wasser übernimmt), das dem Führer jede Gewalt über das Fahrzeug aus den Händen nimmt.

Das R i c h t i g e ist das e n t g e g e n g e s e t z t e Verfahren. Wenn es nur darauf ankäme, den Ansturm der Böen aufzuhalten, braucht der Segler auch im ballastlosen Segelboot das Reffen überhaupt nicht. Legt man das Boot so dicht an den Wind, daß die Segel zu flattern beginnen, so läßt natürlich auch der Druck so weit nach, daß das Fahrzeug nahezu aufrecht schwimmt. Ebenso natürlich ist aber auch, daß es in dieser Lage einmal große Aufmerksamkeit des Steuernden verlangt, und zum Andern w e n i g o d e r g a r k e i n e F a h r t mehr macht! Immerhin kann sich ein gewandter Steuermann so auch mit ungerefften Segeln eine ganze Weile „durchlügen". Einiges Nachdenken wird ergeben, daß man dasselbe erreichen kann, wenn man zwar nach wie vor seinen Kurs steuert, dafür aber d i e G r o ß s c h o o t f i e r t, bis der Wind das Segel nicht mehr voll trifft, sondern zum Teil an ihm entlang weht, aber es versteht sich wohl von selbst, daß auch hierfür eine gewisse Erfahrung nötig ist, die nur durch die Praxis zu erwerben ist. Der Anfänger wird zunächst also gut tun, sich nicht auf derartige, ziemlich aussichtslose Experimente einzulassen, sondern, wenn die Sache kritisch wird — und zwar vorerst ruhig etwas zu früh anstatt zu spät — die Nase des Bootes in den Wind zu drehen und zu r e f f e n.

Im Notfall, bei plötzlichen und sehr heftigen Böen, gibt es für ihn im übrigen nur eins! D a s S e g e l h e r u n t e r w e r f e n !

Reffen heißt durch irgendwelche Einrichtungen die Fläche des Segels verkleinern. Meist geschieht es heut mit Hilfe des Patent-Drehreffers, mit dem einfach das Segel um den Baum herum aufgewickelt wird. Die Handhabung ist leicht und wird von jedem Menschen in fünf Minuten begriffen, wenn er es sich auf der Werft zeigen läßt. Kanusegel refft man häufig nicht, sondern tauscht sie durch mitgeführte kleinere aus. Die kurzen, leichten Masten, die hier fast immer ohne Stütztaue gefahren werden, sind mit samt dem Segel leicht und einfach herauszunehmen und zu verstauen.

Wir kommen nun zur Beendigung unserer ersten Fahrt, sei es, daß wir zurück an die verlassene Boje gehen, oder an einem Landungssteg anlegen, oder schließlich vorübergehend zu Anker wollen.

Letzteres ist das Leichteste. Anker und Kette sind Schiffahrtsdinge, die auch dem krassesten Laien bekannt und vertraut sind und ihre Handhabung ist in einem kleinen, leichten Boot auch kein seglerisches oder sonstiges Kunststück. Wenn wir einen Ankerplatz erspäht haben, so nehmen wir Kurs derart, daß er luvwärts vom Boot liegt, segeln weiter, bis wir mit ihm auf gleicher Höhe sind und lassen das Boot in den Wind schießen. K u r z b e v o r e s s e i n e F a h r t v e r l i e r t : „über Bord mit dem Eisen", und eine halbe Minute später liegt die stolze Jacht wie in Abrahams Schoß zu Anker. Etwas weniger leicht ist das An-die-Boje-Gehen. Die Technik ist allerdings g a n z g e n a u d i e s e l b e , nur muß das Aufdrehen so berechnet werden, daß das Boot m i n d e s t e n s i n R e i c h n ä h e der schwimmenden Boje kommt, dann aber auch nicht weiter segelt. — Im Vertrauen, lieber Leser: Es passiert auch „alten" Seglern, daß gerade dies Manöver nicht so „klappt", wie es soll, und das Boot entweder „einen halben Kilometer" vor der Boje stehen bleibt, während der Bugmann mit sehnend ausgestreckten Armen sich vergebens müht, sie zu erreichen, oder aber zwar diese Sehnsucht gestillt wird, das Boot aber noch ein derartiges Fahrtmoment hat, daß Menschenkraft nicht ausreicht, die Verbindung aufrecht zu erhalten. — Der Unterschied zwischen dem „alten" Segler und dem Neuling liegt dann freilich darin, daß bei jenem „d e r M a n n im B u g w i e d e r n i c h t a u f g e p a ß t h a t". —

Ernsthaft gesprochen, gehört zu einem guten Bojemanöver nicht nur seglerisches Können an sich, sondern man muß auch mit der Eigenart des Bootes vertraut sein, das man steuert. Besonders unangenehm wird die Sache aber dadurch, daß man gerade hierbei meist vor einem sachverständigen Publikum arbeiten muß, das vom Ufer aus gern und freigebig Kritik übt. —

Das Anlegen an einen Landungssteg ist naturgemäß auch nicht ganz leicht, und hat schon viel Geld gekostet, denn die Pfähle und Brücken, um die es sich hier handelt, sind meist sehr widerstandsfähig. Es ist dabei einmal der Wind und seine Richtung zum Ufer, d a n n a b e r a u c h e t w a i g e r S t r o m zu beachten, und es erhellt hieraus wohl, daß der Möglichkeiten allzu viele gegeben sind, um sie hier zu erörtern. Auch dies muß praktisch gelernt werden. Nur zweierlei mag hier noch dem Anfänger gesagt werden: Man legt, wenn möglich, nicht mit dem Strom, sondern gegen ihn an, und solange man sich nicht sicher fühlt, ist frühzeitiges Segelwerfen und Nachhelfen mit dem Bootshaken oder den „hölzernen Segeln" (den Riemen) zuweilen doch das kleinere Übel, wenn solches Tun dem Kundigen auch verrät, daß man sich noch nicht recht heimisch auf dem Wasser fühlt.

Wanderfahrten im Boot.

Die Verwendungsmöglichkeiten eines solchen Bootes sind nun aber keineswegs, wie der Laie glauben mag, auf derartige Nachmittags- oder Tagesfahrten beschränkt. Es ist leider aber außerhalb gewisser, noch verhältnismäßig enger Kreise bei uns allzu wenig bekannt, daß Jolle, Gig und Kanu die Möglichkeit zu s e h r a u s - g e d e h n t e n und g a n z a u ß e r o r d e n t l i c h r e i z v o l l e n R e i s e n bieten.

Am meisten unabhängig ist hier das Kanu. Seine Leichtigkeit und der minimale Tiefgang gestatten noch das Befahren von Flußläufen, in denen es selbst der ihm sonst ebenbürtigen Gig beschwerlich wird, weil die Ufer so nah beieinander liegen, daß die Skulls nicht mehr arbeiten können. Aber auch noch die rein seglerisch an der Spitze stehende Jolle verfügt gerade in Deutschland über einen Aktionsradius, der kaum überboten werden kann. Im übrigen aber besteht auch natürlich die Möglichkeit, sein Boot mit der Bahn in irgend ein als besonders reizvoll bekanntes Revier transportieren zu lassen und dort die Gegend vom Wasser aus zu erforschen. —

Freilich wird man nicht immer in der Lage sein, rechtzeitig ein Hotel mit „allem Komfort der Neuzeit" zu erreichen, aber der echte Wasserwanderer legt darauf auch nicht den mindesten Wert. E r t r ä g t s e i n e i g e n e s H e i m m i t s i c h und ist weder von Hotels, noch von befrackten Oberkellnern und ähnlichen Herrschaften abhängig.

Daß weder zweckmäßig noch angebracht ist, für eine derartige Reise so viele Personen an Bord zu nehmen, wie man auf einer Nachmittagsfahrt allenfalls unterbringen könnte, versteht sich von selbst. Es können aber bequem drei Mann in einer Jolle normaler Größe wohnen und schlafen, und meist wird man die Teilnehmerzahl zweckmäßig auf zwei beschränken.

Greifen wir auch hier mitten in die Praxis hinein und betrachten wir einfach dies „Leben in der Wildnis", wie es wirklich ist.

Faltbootsegeln in Holland.
Mit Genehmigung der Ritzsensport A.-G., München.

Gefraha-Kanadier auf der Alster kreuzend.

Unter vollen Segeln steuert unser kleines Boot mit der abflauenden Abendbrise langsam in eine idyllische Wald- und Schilfbucht hinein und man beschließt, hier die Nacht zu verbringen.

Der Anker rasselt in die Tiefe, die Segel fallen und werden sorgfältig festgemacht, dann aber erscheint eine Persenning von beträchtlicher Ausdehnung, die durch einen in der Mitte aufgenähten starken Gurt unterhalb des Großbaumes befestigt wird. Mit Klaufall und Dirk wird das Ganze gleichmäßig geheißt, bis es hoch genug über dem Fußboden schwebt, um gebückt darunter zu stehen. Die Seiten werden ausgeholt, an den Bordwänden befestigt, Vorder- und Hinterteile angeknöpft, und fünf Minuten nach dem Segelbergen wölbt sich ein v o l l s t ä n d i g e s Z e l t über dem Boot, über das dann zweckmäßig die große Segelpersenning als zweite Hülle gespannt wird. Irgendwo, im achteren Stauraum, oder unter einer Ducht hat den Tag über ein sinnreich verborgener Spirituskocher geschlummert. Jetzt tritt er in Tätigkeit, und aus den unergründlichen Stauräumen in Bug und Heck, unter den Duchten usw., kommen die Proviantvorräte fester und flüssiger Natur zum Vorschein, denn der Tag in freier Luft macht hungrig und der Segler war nie sehr für schlechtes Leben und knappes Essen eingenommen.

Auch ein zusammenlegbarer Tisch wird meist zur Stelle sein, wenngleich es ohne ihn auch geht, und bald sitzen die beiden Wasserwanderer beim Schein einer Laterne am Mahl und lassen sich schmecken, was rasch erlernte Kochkunst geschaffen hat, wenn nicht gar die Hausfrau selbst als Reise- und Bordkamerad fungiert, so daß der Tisch nicht anders als daheim besetzt und besorgt ist. Pfeife, Zigarre oder Zigarette beschließt das Essen und mit einem Behagen, das der Großstädter kaum dem Namen nach kennt, genießt man plaudernd oder auch schweigend den herrlichen Abend und den würzigen Duft von Wasser und Wald, über die sich mählich der Himmel wie ein dunkler Sammetteppich breitet, aus dem die Sterne in unwahrscheinlichem Glanz hervorleuchten. — — —

Aber die Luft macht auch müde, — besonders wenn man gut gegessen hat, und früher wohl als daheim empfinden wir Sehnsucht nach einem behaglichen Lager. Ich sehe ein etwas skeptisches Lächeln auf den Gesichtern der Leser, denn die Fußbodenbretter auch der schönsten Jolle sind doch nun einmal keine Sprungfedermatratze, — aber: Sie irren, meine Herren, unsere Stauräume geben noch erheblich mehr und anderes her als das Zelt und das „bißchen" Proviant.

Es gibt hier nicht nur Matratzen, auf denen es sich schon aushalten läßt, sondern wer gern weich liegt, findet in der aufblasbaren Gummi-Lagerstätte einen Ersatz, der ihm das schönste Bett nicht vermissen läßt, und an Wolldecken braucht es auch nicht zu fehlen. Eine geradezu ideale Erfindung für den Wasserwanderer dieser Art aber ist der Schlafsack, in dem es sich auch in reichlich kühlen Nächten warm und behaglich liegen läßt, und der meist auch mit einem sicheren Schutz gegen Mücken, etc. ausgerüstet ist. —

Und am Morgen? — Während das Kaffeewasser kocht, nützt man die Zeit zu einem erfrischenden Bad, und nachher schmecken Schinken und Eier so gut und werden in Mengen vertilgt, wie niemals zu Haus. — Ein wenig Natur ist eben doch die beste Medizin für uns nervöse, überarbeitete Großstädter. Vierzehn Tage auf einer derartigen Tour sind mehr wert als lange Wochen in dem schönsten Heilbad, und über den Preisunterschied braucht man wohl nicht zu reden.

Im übrigen kann man, wenn man will, sein Zelt natürlich auch an Land aufschlagen, und es dürfte angebracht sein, die Frage der Ausrüstung für eine solche Wanderfahrt noch etwas eingehender zu besprechen, was am Schluß dieses Abschnittes geschehen soll. Hier nur noch einiges über das Seglerische.

Wie schon erwähnt, ist vom rein touristischen Standpunkt aus für solche Fahrten das Kanu am unabhängigsten. Es kann schlechthin jedes Wasser befahren, ist auch ohne Segel leicht fortzubewegen und ist (besonders die modernen Leinwandboote!) so leicht, daß auch ein kurzer Überlandtransport nicht ermüdet oder Umstände macht. Nicht ganz so anspruchslos in letzterer Beziehung ist die Gig. Sie teilt aber mit dem Kanu die Leichtigkeit der Fortbewegung ohne Segel, und daß man auf wochenlangen Touren mit Flauten und sonstigen Hindernissen vom seglerischen Standpunkt aus rechnen muß, ist wohl selbstverständlich, und immer kann und will man die Klemme doch nicht durch Warten oder auch nur durch einen Umweg beenden.

Mit dem Rudern der Jolle ist es nun aber eine eigene Sache. Der Konstrukteur, der nicht schwört, daß seine Jolle „leicht" zu rudern sei, soll noch gefunden werden, und in gewissem Sinne hat er auch recht, aber ein wirklich „richtiggehender" Rudertörn in so einem Boot ist für viele Leute doch kein ganz ungetrübter Genuß.

Rein seglerisch betrachtet steht dagegen die Jolle an erster Stelle, und es ist nun Sache eines Jeden, selbst zu entscheiden, was ihm nach Anlage und Neigung wichtiger und wesentlicher erscheint. Bemerkt sei hier allenfalls noch, daß die Freunde der Gig sich im wesentlichen aus den Kreisen des Rudersports rekrutieren. Sonst entscheidet zwischen Kanu und Jolle besondere Neigung oder — die Größe des Geldbeutels.

Was, um hierauf noch kurz zurückzukommen, das vollständige Leben „draußen", sei es an Bord im offenen Boot, oder an Land, im schnell aufgeschlagenen Zelt angeht, so ist dazu in erster Linie zu sagen, daß auch dies gelernt sein will. Nicht wenige von uns haben im Felde nach dieser Richtung hin den erforderlichen Unterricht erhalten, und sicher manchmal in einer Form, die sie das Ganze als ein etwas eigenartiges und fragwürdiges Vergnügen betrachten läßt.

Die Herren, die sich auf solche Erfahrungen stützen, mögen bedenken, daß sich die Sache hier denn doch etwas anders einrichten läßt als unter den Verhältnissen, die ihnen vielleicht vorschweben. Besonders wenn man, wie eben im Boot, über die Möglichkeit verfügt, alles mitführen zu können, was dazu dienen kann, die wünschenswerte Behaglichkeit zu gewährleisten, handelt es sich eigentlich nur noch darum, in dem Gebrauch dieser Dinge die nötige Praxis zu erlangen. Die moderne Industrie ist auf diesem Gebiet (weniger zunächst dem Touristen als vor allem dem Tropenreisenden zuliebe) ganz außerordentlich rege gewesen und hat teilweise geradezu vorbildlich Praktisches geschaffen. In der Tat ist — abgesehen vielleicht von den romanischen Ländern — Deutschland wohl so ziemlich als das einzige Land, in dem außer den modernen Wandervögeln und den Ruderern die weitesten Kreise dem „camping out", wie Engländer und Amerikaner diesen Sport nennen, noch recht mißtrauisch gegenüberstehen. Vor allen Dingen in Amerika steht das Lagerleben im Freien in einem Umfange im Programm aller Sporttreibenden, von dem man sich bei uns kaum eine Vorstellung machen kann. In landschaftlich schönen Gegenden entstehen dort in den Sommermonaten Zeltlager von der Ausdehnung kleiner Ansiedlungen, und nicht wenige Leute verbringen in dieser köstlichen Natur ihre ganzen Ferien. Sicher nicht zum Schaden ihrer Gesundheit.

Immer freilich darf, wer hiervon wirklich etwas haben will, nicht allzu unpraktisch sein. Daß man sich zu, wenn auch einfachen, so doch soliden und entsprechend kräftigen Mahlzeiten muß verhelfen können (die für „Landpartien" so beliebte „Stulle" tut's auf die Dauer nicht!), ist wohl selbstverständlich. — Darüber hinaus aber gelte als allgemeine Regel die Mitführung von A l l e m , was wirklich bequem und praktisch ist, unter unbedingter Vermeidung alles Überflüssigen. — Mehr als überflüssig sind dabei in erster Linie „Abhärtungs"-Bestrebungen! Weder Hunger, noch Frieren läßt sich erlernen. Auch der begeistertste Naturmensch erträgt sie, wenn er m u ß (und was man in dieser Hinsicht ertragen k a n n , haben wohl viele von uns erfahren), er freut sich aber ganz ebenso, wie jeder andere normale Mensch, wenn er des morgens trocken erwacht, ohne steif gefroren zu sein, und dann seinem inneren Menschen die nötige Stärkung zu Teil werden lassen kann.

Daß im Übrigen die Befolgung dieser Regel nicht ganz so einfach ist, wie es vielleicht den Anschein hat, daß auch hier das Wort gilt, nach dem aller Anfang schwer ist und Lehrgeld kostet, läßt sich nicht verschweigen. Ebenso sicher ist aber, daß es Niemand bereuen wird, wenn er sich von kleinen Mißhelligkeiten der ersten Zeit nicht abschrecken läßt.

Das kleine Kajüt-Boot.

Das Kapitel über Wandersegeln wäre schließlich nicht vollständig, wenn wir nicht, in großen Umrissen wenigstens, auch des kleinen Kajütkreuzers moderner Art (der Kanujacht oder des Jollenkreuzers) gedenken wollten, der für viele doch mit Recht einen besonderen Reiz besitzt.

Das Boot dieser Art kommt aus dem Mutterlande des Segelsports und des Sports überhaupt: aus England, und englische Segler haben, längst bevor bei uns überhaupt von sportlichem Segeln gesprochen werden konnte, in Booten dieser Art die deutschen Gewässer, die Unterelbe, die, wie ein englisches Buch betont, „wundervollen Seen Mecklenburgs" und die schönen „gezeitenfreien" Gewässer der ganzen Ostsee bereist. —

Wenn ein Boot geeignet sein kann, den Wandersegelsport, in dem uns, das wollen wir ruhig auch jetzt gestehen, Engländer und Amerikaner noch immer weit voraus sind, zu fördern, und den Ansätzen, die bei uns auf diesem Gebiet vorhanden sind, entgegenzukommen, so ist es zweifellos die Kanu-Jacht und der jetzt bei uns eifrig geförderte Jollen-Kreuzer.

Ohne ein sogenanntes „billiges" Boot zu sein, wird der Herstellungspreis bei den bescheidenen Abmessungen von Boot und Takelage doch in Grenzen bleiben, die das Fahrzeug auch weiteren Kreisen erschwinglich machen, zumal es keineswegs erforderlich ist, nur Zeder, Teak und Mahagoni zu verwenden, wie es denn bemerkenswert erscheint, daß fast überall ein eiserner Ballastkiel anstelle von Blei verwendet worden ist. Vor allen Dingen aber wird der Unterhalt eines solchen Bootes einen sehr bescheidenen Jahresetat in Anspruch nehmen, und das ist nicht zuletzt von Wichtigkeit. So würden, um nur ein Beispiel herauszunehmen, gefärbte Segel nach Art der Fischerboote für eine derartige kleine Yacht durchaus das Gegebene sein, und nächstdem eine recht erhebliche Ersparnis bedeuten. Schließlich aber muß man von den Mehrkosten gegenüber dem offenen Boot, wenigstens wenn man Wanderfahrten machen will, auch die Kosten für das Zelt und die sonstige Ausrüstung abziehen.

Daß im übrigen die feste Kajüte ihre Vorzüge hat, die im wesentlichen dadurch bedingt sind, daß sie eben vorhanden ist — auch während der Fahrt und bei schlechtem Wetter — läßt sich kaum bestreiten. Ein „Salon", wie der eines 16 oder 20 m langen Seekreuzers, ist sie freilich nicht und ihre Einrichtung und Ausstattung (ja sogar auch ihre richtige Benutzung) erfordert große Erfahrung und liebevolles Eingehen auf die Eigenart des kleinen Bootes.

Die übliche Inneneinrichtung des modernen Kreuzers ist für ein solches Boot, wenn man wirklich auf längeren Fahrten behaglich darauf wohnen und schlafen will, in keiner Hinsicht auch nur das Wünschenswerte. Es wird viel Erfahrung und viel Nachdenken, sicher gelegentlich auch manchen verfehlten Versuch kosten, bis man hier das Vollkommenste erreicht hat, aber für den echten Wandersegler wird das nur ein Reiz mehr sein.

Sitzhöhe ist reichlich vorhanden, und auch die beiden Kojen lassen sich mit leichter Mühe so unterbringen und einrichten (am besten als Klappbetten), daß sie weder die Behaglichkeit am Tage stören, noch des Nachts nur als Notbehelf erscheinen. Auch der Schwertkasten stört gerade in der kleinen Jacht, in der man sich ohnehin in der Kajüte nur sitzend oder liegend aufhalten kann, nicht so sehr, wie in mittleren Fahrzeugen. Worauf es nun aber ankommt, ist in erster Linie die Unterbringung alles dessen, was man im Laufe des Tages gebraucht, in einer Form und Anordnung, die einerseits nicht die Ordnung und Behaglichkeit des kleinen Innenraums stört, andererseits aber auch keine Akrobatenstückchen von den Insassen verlangt.

Daß jedes, auch das kleinste Stück der Ausrüstung seinen eigenen und unveränderlichen Platz an Bord haben muß, daß dieser Platz so übersichtlich und sparsam wie möglich angeordnet sein, und daß schließlich der betreffende Gegenstand auf diesem Platz auch immer, solange er nicht in Gebrauch ist, tatsächlich zu finden sein muß, ist zunächst und zuerst selbstverständ-

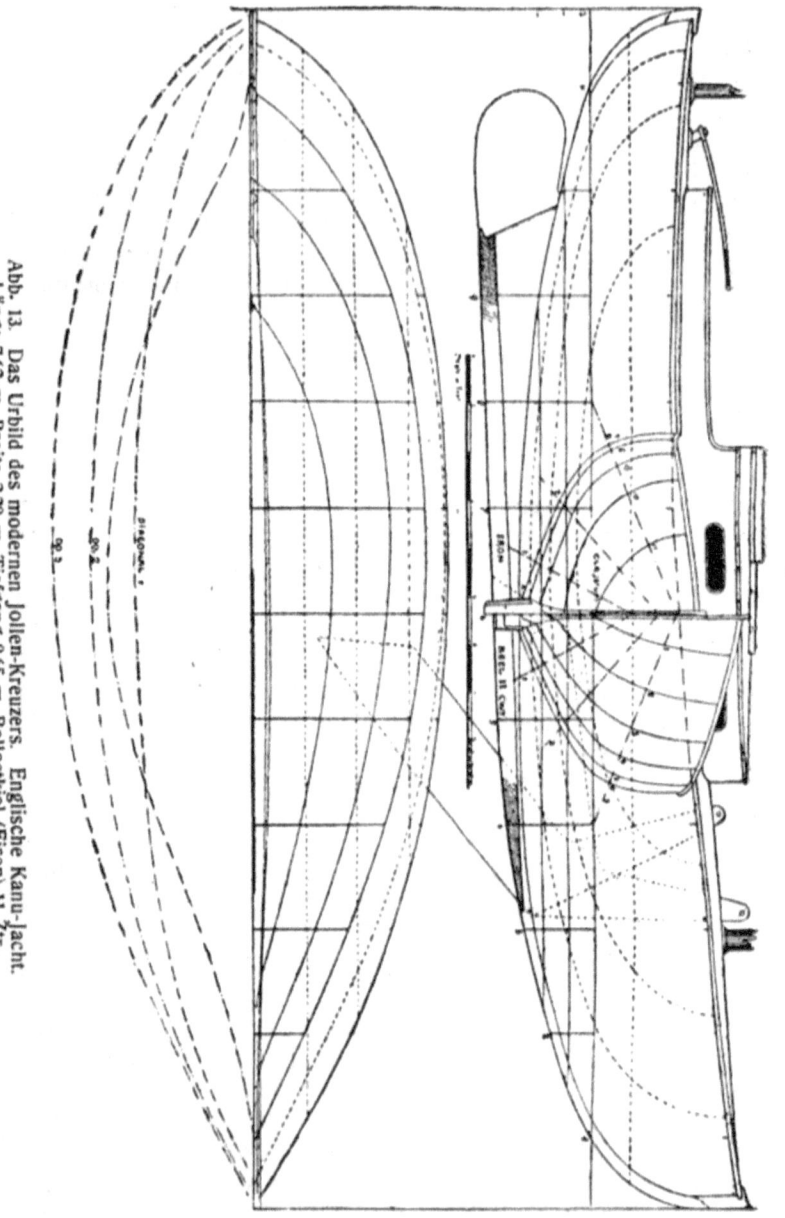

Abb. 13 Das Urbild des modernen Jollen-Kreuzers. Englische Kanu-Jacht. Länge 7,62 m, Breite 2,28 m, Tiefgang 0,65 m, Ballastkiel (Eisen) 11 Ztr.

lich. Weiter aber soll die Anordnung dieser Plätze für alle einzelnen Dinge so getroffen werden, daß alles — mindestens aber alles, was häufig und regelmäßig gebraucht wird — bequem vom Sitz aus zu erreichen und zu bedienen ist. Der oder die Eigner haben hier reichlich Gelegenheit, ihre Talente zur Geltung zu bringen, und es sei noch bemerkt, daß sie z. B. aus den Einrichtungen großer moderner Reise-Kraftwagen viel Anregungen schöpfen können.

Es ist in dieser Beziehung in den letzten Jahren auch bei uns viel geleistet worden, seitdem gute Konstrukteure auch dem kleinen Boot ihre Aufmerksamkeit zugewandt haben, aber gerade im kleinen Boot kann auch der Eigner selbst, aus seiner individuellen Erfahrung heraus viel dazu tun, sich einen behaglichen und wirklich befriedigenden Aufenthalt zu schaffen. Daß man auf einem solchen Boot mit dem Quadratzentimeter Raum rechnen muß, wird jeder Segler bald genug wissen. Im übrigen tut man gut, auch im Cokpit für den festen Stand eines Klapptisches zu sorgen, und es läßt sich das durch Anbringen von passenden Spuren in der Gräting ohne weiteres erreichen.

Sehr wesentlich trägt zur Erhöhung der Bequemlichkeit ein kleiner Schlingertisch bei, der auch auf dem kleinsten Fahrzeug Verwendung finden und den man sich mit geringen Kosten anfertigen lassen kann. Wie die Skizze zeigt, besteht er einfach aus zwei miteinander verbundenen Holzplatten, deren obere mit entsprechenden Ausschnitten versehen ist, um Flaschen, Gläser und in der Mitte ein größeres Gefäß (Schüssel) hineinstellen zu können. Das Ganze wird mit Schnüren an für diesen Zweck im Deck angebrachten Bolzen aufgehängt. Wer längere Seereisen machen will, die ein solcher kleiner Kreuzer durchaus nicht zu scheuen braucht, wird den Nutzen dieser einfachen kleinen Einrichtung bald schätzen lernen. Für Kaffee- und Teekanne braucht man übrigens nicht zu sorgen, die werden praktischerweise mit ihren Griffen an entsprechenden Haken am Tisch aufgehängt.

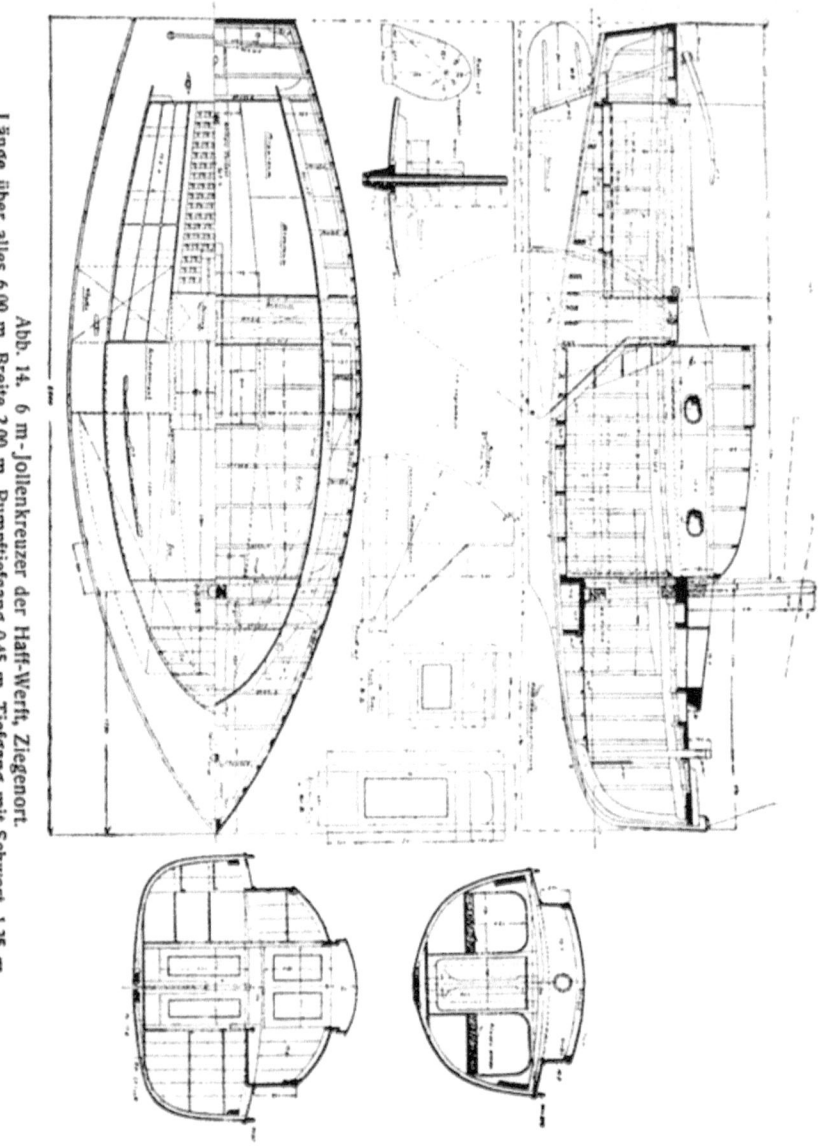

Abb. 14. 6 m - Jollenkreuzer der Haff-Werft, Ziegenort. Länge über alles 6,00 m, Breite 2,00 m, Rumpftiefgang 0,45 m, Tiefgang mit Schwert 1,35 m.

Zum Tisch im Cokpit gehört ein einfaches, leicht anzubringendes Sonnensegel, das unter dem mit Klau und Dirk etwas gelüfteten Großbaum angebracht wird und im Hafen einen Platz für die Mahlzeiten wie für die nachfolgende Siesta schaffen hilft, wie ihn der Eigner einer 1500 t-Dampfyacht auch nicht schöner haben kann.

Ein Kapitel für sich ist nun schließlich die schon kurz erwähnte Unterbringung vor allem der Gegenstände für den täglichen Gebrauch an Bord, und es dürfte angebracht sein, hierüber noch einiges zu sagen.

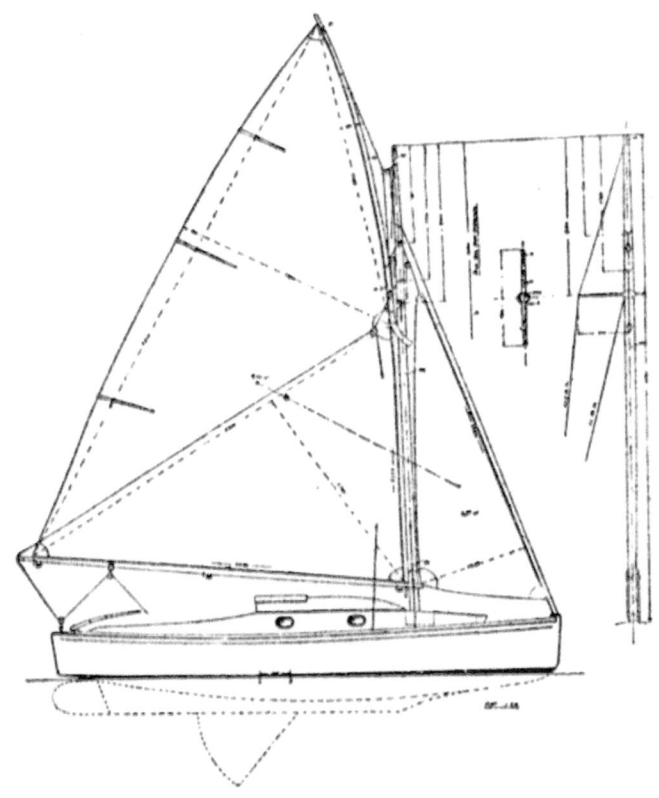

Abb. 15. 6 m-Jollenkreuzer. Segelplan.
Großsegel 17,32 qm, Stagsegel 2,87 qm

Es gehören hierher die verschiedenartigsten Gegenstände, und neben Tassen, Schüsseln und Tellern, Kaffee- und sonstigen Kannen, dem Tagesproviant — fest und flüssig — usw., müssen auch Karten und Segelanweisung sowie das seemännische Handwerkszeug so untergebracht werden, daß sie einmal stets augenblicklich zur Hand sind, zum anderen aber auch nicht hindern und nicht beschädigt werden können, wenn man ihrer nicht bedarf.

Daß es dabei weder vorteilhaft noch zweckdienlich ist, wenn etwa mitgeführte eingemachte Himbeeren in allzu innige Berührung mit Büchern und Karten kommen oder aber ihrerseits durch Tinte eine an sich vielleicht ganz wünschenswerte Verdünnung erfahren, bedarf wohl keiner Erörterung. Es ist aber gar nicht so einfach, dies unter allen Verhältnissen zu vermeiden und dabei doch gleichzeitig alle diese nützlichen, nur eben zueinander in wenig direkten Beziehungen stehenden Gegenstände so unterzubringen, daß man jedes zu seiner Zeit sofort zur Hand hat.

Diese Fragen im einzelnen zu lösen, muß natürlich in jedem Falle dem betreffenden Eigner überlassen bleiben, und ohne praktische Erfahrung wird wohl niemand zu einem Ziel gelangen. Allen Anfängern auf diesem Gebiet sei jedoch das Studium englischer Yachteinrichtungs-Kataloge dringend empfohlen, sie werden dort, selbst wenn sie schon über die allerersten Erfahrungen hinaus zu sein glauben, manches finden, was sie auf gute eigene Gedanken bringt.

Als grundlegend muß aber auch hier die Forderung nach strengster Ordnung gelten. Jeder Gegenstand muß evtl. in entsprechend unterteilten Schränken und Regalen seinen bestimmten Platz haben, in den er genau hineinpaßt und der so eingerichtet ist, daß unbeabsichtigte Wanderungen ausgeschlossen sind. —

Alles in allem kann man wohl sagen, daß auch in der kleinsten Yacht die Kajüte sich zu einem ebenso behaglichen, wie unter allen Verhältnissen bequemen Aufenthalt gestalten läßt, in dem man selbst bei recht weitgehenden Ansprüchen sehr gut wohnen kann. Nur darf man es nicht scheuen, sich mit der zweckmäßigsten Einrichtung seines Bootes selbst zu beschäftigen, und darf nicht erwarten, alles einfach fix und fertig kaufen zu können, um nur hinzugehen und es zu benutzen. Wer solchen Sport treiben will, muß Liebe zu ihm haben und darf sich die kleine Mühe nicht verdrießen lassen, hier und da immer wieder etwas Neues selbst zu probieren.

Er wird auf diese Weise aber auch erreichen, daß er bei sehr bescheidenem Aufwand von Mitteln ein Schiff erhält, auf dem er sich sicher wohler fühlt, als in der Prachtkajüte eines Schnelldampfers, und die Stunden in der engen, aber behaglichen Koje, im kleinen Cokpit, bei einer kühlen Flasche, die über die Langeweile einer Flaute hinweghilft, werden zu denen zählen, an die man sich immer wieder gern erinnert, auch wenn sie längst einer fernen Vergangenheit angehören und vielleicht ein größeres Fahrzeug, auf dem bezahlte Hände für den Komfort sorgen, längst an die Stelle des bescheidenen Einhandbootes trat.

Die Pflege des Bootes.

Daß ein Boot im Gebrauch recht erheblich angestrengt wird und mithin auch einer gewissen, sachkundigen Pflege bedarf, sollte eigentlich selbstverständlich sein. Dasselbe gilt schließlich für jedes andere Sportgerät auch, und es wird z. B. keinem Radfahrer einfallen, sein Fahrzeug nach einer längeren Regenfahrt einfach in die Ecke zu stellen und rosten zu lassen. Verhältnismäßig ist dabei ein einfaches Boot noch anspruchsloser als die meisten anderen Fahrzeuge. Wasser ist sein Element. Es schadet also nichts, wenn es auch einmal von oben naß wird, nur soll man im eigenen Interesse (durch eine gute wasserdichte Persenning) dafür sorgen, daß ein offenes Boot bei tagelangem Regen nicht etwa voll regnen kann, und nächstdem vertragen die Segel es nicht, wenn sie naß verpackt werden. Mußte man letzteres aus irgendwelchen Gründen tun, so soll man dafür sorgen, daß sie am nächsten Tage gelüftet werden und trocknen können. Im übrigen wird man die Segel eines Kanus oder einer Gig zweckmäßig im Bootshause seines Vereins (die Zugehörigkeit zu einem solchen empfiehlt sich schon aus solchen, rein praktischen Gründen dringend) aufbewahren, wo meist ein Bootsmann gegen ein entsprechendes Trinkgeld derartige kleine Arbeiten übernimmt. Auch in dieser Beziehung sind übrigens die schon erwähnten, gefärbten Segel außerordentlich vorteilhaft und vertragen selbst sehr nachlässige Behandlung.

Das Tauwerk ist beim Verlassen des Bootes l o s e zu belegen, da es sich andernfalls beim Naßwerden so stark zusammenziehen kann, daß es bricht, u. a. m.

Im übrigen ist eigentlich nur zweimal im Jahre eine große Generalreinigung und, wie man seemännisch sagt, „Ü b e r h o l u n g" des Bootes notwendig: die Außerdienststellung im Herbst und das Zuwasserbringen im Frühjahr.

Man kann nun freilich mit beidem eine Werft betrauen und braucht dann nur den Beutel zu ziehen, aber wer wirklich Segler ist und sein Boot liebt, der wird gerade das kleine Boot so leicht nicht fremden Händen anvertrauen, und es ist das auch umso besser, als er bei solcher Arbeit manches lernt.

Die Indienststellung im Frühjahr wird vor allem eine gründliche Erneuerung des Lack- oder Farbanstrichs bringen, und schon dies ist eine Kunst für sich.

Ist die Außenhaut bereits sehr schlecht, oder war das Boot gestrichen und die Farbe ist stellenweise abgeblättert, so muß die Lack- bezw. Farbschicht bis a u f s r o h e H o l z abgezogen werden. Dies geschieht am besten mit irgendeinem scharfen Werkzeug, einem Dreikantschaber oder Krabben, die schön gerundet sein müssen. Es geht auch mit Glas, doch darf man von dem gebrochenen Glas nie die hohle Seite benützen, sondern muß die gerundete Seite nehmen. Glas kann nur zum Vorarbeiten genommen werden, da es immer kleine Rillen zieht. Zum Schluß nimmt man eine gute Ziehklinge, wie sie die Tischler benützen, um Fläche zu erzielen. Zu diesem Zweck muß man möglichst mit den Holzadern laufend ziehen. Zum Entfernen der alten Lackschicht kann man auch chemische Farben- und Lackentferner nehmen, wie sie in den einschlägigen Geschäften stets gebrauchsfertig zu beziehen sind.

Es gibt eine ganze Anzahl solcher Mittel, die wohl alle gleich brauchbar sind und auf demselben Prinzip beruhen, trotzdem die mehr oder minder wohlklingenden Namen verschieden sind. Die Masse wird einfach auf das Holz gestrichen, und nach wenigen Minuten kann die gesamte Lackschicht mit dem Messer bequem heruntergeschabt werden. Nach dem Abziehen ist mit Sandpapier Nr. 4 zu schleifen. Sodann sind die Planken zu ölen, und zwar so oft, bis das Holz eine gesättigte Ölfärbung zeigt. Dies erreicht man am besten, wenn man mit warm gemachtem Firnis ölt, doch muß man darauf achten, daß der Firnis im Schuppen nicht überkocht; man halte möglichst eine kleine Flamme, damit er nach und nach erwärmt. Man ölt am besten mit einem Pinsel, da ein Tuch fusselt. Das Öl muß zwei Tage lang einziehen, denn auf Öl darf man nicht schleifen, da es schmiert. Guter Firnis zieht vollständig ins Holz ein, worauf das

Holz wieder ganz trocken wird. Ist irgendwo der Firnis etwas dick stehen geblieben, so muß man ihn mit der Ziehklinge herunterschaben.

Sodann kann lackiert werden; man suche sich möglichst einen schönen sonnigen Tag aus und lackiere mit dünnflüssigem Lack. Ist der Lack nicht dünnflüssig, dann setze man einige Tropfen guten Terpentin (kein Terpentinersatz) hinzu. Zum Lackieren verwendet man am besten den grauen, runden Malerpinsel, die Haare nicht zu lang, diese müssen eventuell noch abgebunden werden, was einem auf Wunsch gleich der Pinselhändler besorgt.

Die Aufbringung des ersten, sogenannten Schleiflackanstrichs hat so dünn wie möglich zu geschehen. Man nimmt sich am vorteilhaftesten immer nur eine Fläche von etwa einem halben Quadratmeter vor, für die ein Pinsel voll Lack vollständig reichen soll, und streicht den Pinsel nach allen Richtungen kreuz und quer aus, verarbeitet die Fläche also gewissermaßen, damit der Lack in alle Poren eindringt.

Wer sein Boot ganz abgezogen hat, muß mindestens dreimal lackieren und zwischen jeder Lackierung neu mit Nr. 2 schleifen, und wieder abfegen und abledern. Wer sich das Lackieren nicht zutraut und wer Anleitung braucht, wird wohl immer einen Praktikus finden, der ihm die Handgriffe zeigt. Nach jedem Lackieren muß gewartet werden, bis der erste Lack vollständig trocken ist.

Etwas schwieriger ist die saubere und gute Auffrischung eines Farbanstrichs, der aber gerade für uns hier wohl meist in Betracht kommt, weil kleine Boote dieser Art nicht immer aus Edelhölzern gebaut werden können und sollen, was übrigens, wie nebenan gesagt sein mag, auch keinesfalls nötig ist. Im Aussehen ist ein guter Lackfarben-Anstrich so tadellos, wie man es nur verlangen kann, und was die Haltbarkeit angeht, so hält ein gutes, harzreiches Tannenholz als Beplankung sicherlich länger vor, als wir das Boot benutzen wollen und können. Allerdings muß es an sich wirklich gut und trocken sein.

10 qm-Yacht im Rennen auf dem Templiner See.
Phot. Hohmann.

Moment aus einem Rennen.
Nach einem Abzug auf Satrap-Papier.

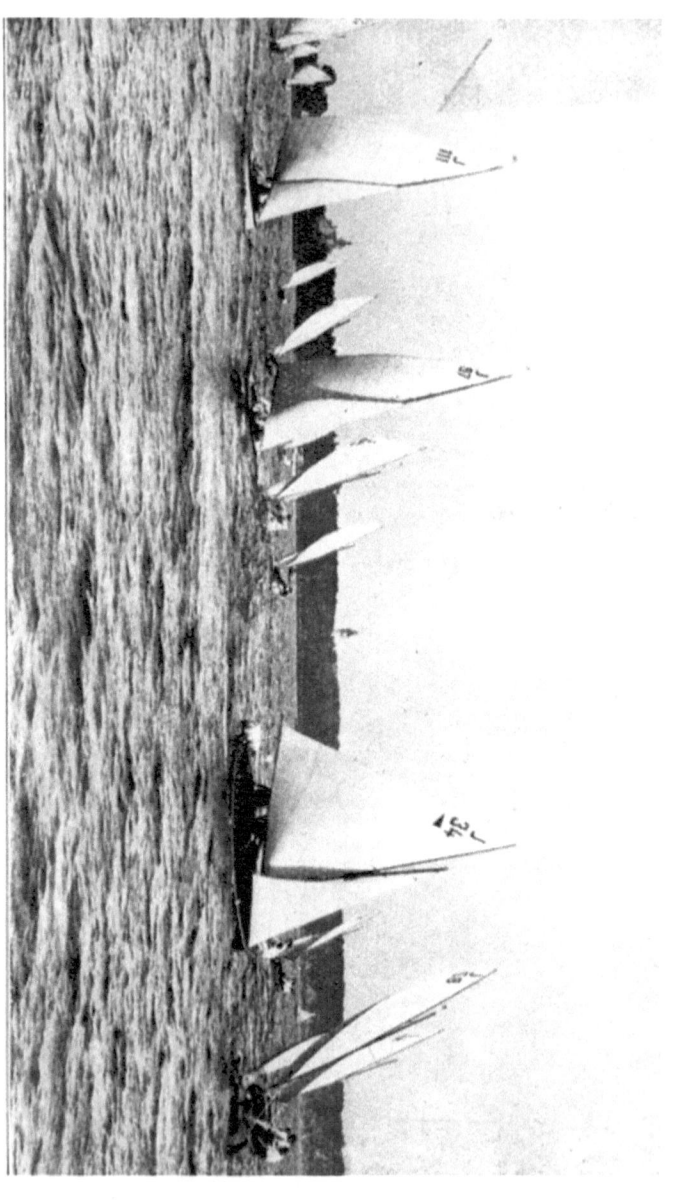

Nationale Binnenjollen im Rennen (um den Seglerhauspreis).

strichs muß das Boot mit dem Schaber bearbeitet werden, damit Blasen und loser Kitt abgestoßen wird. Dann müssen die Unebenheiten usw. ausgespachtelt werden. Die Spachtelmasse setzt man sich zusammen aus Zinkweiß, Bootslack und etwas weißem Emaille-Lack. Wer die Masse schneller zum Trocknen kommen lassen will, muß Terpentin hinzusetzen. Sehr tiefe Löcher müssen mehrmals ausgespachtelt werden. Die Löcher dürfen jedoch nie mit einem Male ausgestopft werden, weil sie sonst nie austrocknen, und die Masse dann wieder herausfällt. Nach dem Spachteln ist mit Sandpapier Nr. 5 nachzuschleifen. Dann kommt der erste dünne Bleiweiß-Farb-Anstrich, den man streichfertig vom Farbenhändler mitbringt, über die gespachtelte Fläche; in der Bleiweißfarbe darf aber nicht zuviel Öl enthalten sein, denn erstens würde sie zu gelb und zweitens zu strähnig werden. Diese Strähnen werden nie trocknen, daher ist in solchen Fällen wieder Terpentin das Allheilmittel. Diesen Anstrich muß man so oft wiederholen, bis alles weiß ist, einzelne rauhe Stellen werden mehrmals vorgestrichen. Jeder Anstrich ist sauber mit Sandpapier abzureiben. Zum Schluß nimmt man Emaille-Lack. Diesen muß man gut verarbeiten, also nicht bloß immer eintauchen und auftragen, sondern ebenfalls ein Feld von etwa ½ qm vornehmen und gut verarbeiten. Die Farbentöne kann sich jeder nach Belieben zusammenstellen.

Nun beginnt der Anstrich des Unterwasserschiffs. Das Unterwasserschiff muß vorher gründlich nachgesehen werden auf schlechte oder schadhafte Stellen. Etwa vorhandenen losen Kitt muß man abstoßen und neu kitten. Diese Arbeit macht man am besten kurz vor dem Zuwasserlassen, also im Frühjahr, ungefähr in der dritten Woche im März kitten und unter Wasser streichen, und 14 Tage später das Boot ins Wasser bringen, dann kommt der Kitt nicht erst in der Märzluft zum Reißen. —

Mast und Spieren sind im Herbst bezw. während des Winters geschrapt und geölt, die Blöcke auseinandergenommen und gehörig mit Fett versehen, sie brauchen also nur noch den letzten „Schliff" zu erhalten, wenn getakelt werden soll. Das aber ist eine Arbeit, die beim ersten Mal wohl unbedingt ein Fachmann vornehmen muß. Es genügt, wenn das nur einmal nötig ist und der Novize mit dem Erwerb dieser Kenntnis seine Schulzeit wirklich für abgeschlossen erklären kann. —

Das Examen nimmt ein steifer Frühlingswind, der den Wellen weiße Kämme aufsetzt und auch recht launisch und eigenwillig sein kann, gern und manchmal recht gründlich ab.

Der Hilfs-Motor.

Eine unbedingte Notwendigkeit ist für die hier in Frage kommenden und besprochenen Boote der Hilfsmotor naturgemäß n i c h t. Sie sind, wo der Wind wirklich gründlich versagt — so auf unsern Binnengewässern häufig am Abend — durch Rudern oder Paddeln schnell genug und auch meist ohne übermäßige Anstrengung fortzubewegen, so daß also die Maschinenhilfe wohl zu entbehren ist. Sie ist das tatsächlich auch bei einem größeren, schon yachtmäßigen Kreuzer, aber das Rudern eines solchen Bootes bedeutet selbst bei kürzeren Strecken doch schon eine Anstrengung, die nicht jedermanns Sache ist.

Immerhin bedeutet auch für das kleine Boot der Hilfsmotor einmal eine große Bequemlichkeit, und es ist nächstdem nicht zu unterschätzen, daß eine Geschwindigkeit, wie er sie dem Boot erteilt, kaum und jedenfalls nur bei gutem Wind unter Segel, geschweige denn mit Rudern oder Paddeln zu erzielen ist. Das ist aber in heutiger Zeit keineswegs so belanglos, wie es bei flüchtiger Betrachtung erscheinen mag. Unsere Arbeit ist hart und nervenaufreibend, die unter diesen Verhältnissen sehr nötige Erholungszeit aber für die meisten Menschen knapp bemessen, und es gibt nicht viele, denen nicht ein öfter sich wiederholendes Verpassen des berühmten „letzten" Zuges das ganze Segeln verleiden kann. Sie werden also lieber etwas früher die Spätnachmittagsfahrt beenden und so an heißen Tagen gerade um die schönsten und erfrischendsten Stunden kommen, während sie mit einem guten Hilfsmotor die Zeit bis auf das letzte ausnutzen und die Heimfahrt auf die Minute berechnen können. Dazu kommt, daß der Motor allein seine Arbeit tut. Mit zwei Mann im Boot wird beim Versagen des Windes der eine den treuen Helfer in Gang bringen und nachher steuern, während der andere schon unterwegs die Segel herunternimmt und sachgemäß einpackt, so daß man fertig ist, wenn das Boot an der Boje oder im Stand liegt. —

Das Gegebene für ein derartiges kleines Boot ist dabei unbedingt der lose A n h ä n g e - M o t o r.

Gewiß ist es zum mindesten bei einer etwas größeren Jolle auch möglich, einen Motor mit allem Zubehör fest in das Boot einzubauen. Es werden sich aber gerade bei solchen Fahrzeugen vom seglerischen Standpunkt aus immer recht schwerwiegende Bedenken dagegen erheben.

Hinzu kommt, daß sich damit schon die Anschaffung des Bootes erheblich verteuert, denn Aufstellung und Fundamentierung des Motors, der Stevendurchbruch für die Schraubenwelle etc. etc. verlangen einen Spezialbau oder recht kostspielige, nachträgliche Arbeiten; ganz abgesehen davon, daß die beim Segeln nachzuschleppende Schraube, selbst in der sogenannten Segel-Stellung der Umsteuerschraube (die übrigens ein ziemlich teurer Gegenstand ist und bei guter Arbeit auch sein muß), die Segeleigenschaften eines kleinen Bootes merklich verschlechtert.

Demgegenüber ist der Anhängemotor, sei es ein sogenannter Schacht- oder nur ein einfacher, über das Heck zu hängender Außenbordmotor, immer zur Hand, wenn man ihn braucht und in kürzester Zeit abgenommen und verstaut, wenn der Wind uns gestattet, auf seine Dienste wieder zu verzichten.

Wenn dabei der Laie den Leistungen dieser kleinen Maschinen noch mit einigem Mißtrauen gegenübersteht, so ist das in keiner Weise gerechtfertigt. Die Technik gerade des Kleinmotorenbaues hat sich in den letzten Jahren zu einer Höhe entwickelt, die es ohne weiteres gestattet, derartige Aggregate von einer Güte und Zuverlässigkeit herzustellen, die allen berechtigten Ansprüchen genügt.

Für den Bootsbetrieb kommt dabei noch in Betracht, daß der Anhängemotor, wenn wirklich eine kleine Störung eintritt, sehr viel leichter zugänglich ist als der meist sehr versteckt und ungünstig stehende Standmotor. Selbst eine ernste Beschädigung, die mit Bordmitteln nicht behoben werden kann, wiegt hier immer noch leichter als beim Einbaumotor. Im schlimmsten Falle nimmt man ihn eben einfach ab, wie immer, wenn das Boot segeln soll und läßt ihn in die Fabrik wandern, ohne daß das Boot als solches davon im mindesten betroffen würde. Man muß sich dann eben einige Zeit so behelfen, wie das die Leute ohne Motor auch tun.

Außenbordmotoren für Sportboote sind unseres Wissens in Deutschland zuerst von der Firma Cudell auf den Markt gebracht worden, und zwar in Gestalt einer langen, geraden Stange, die an einem Ende die, durch ein Gitter geschützte Schraube, am andern das einfache, kleine Motorenaggregat trug. Zum Gebrauch wurde das ganze einfach über das Heck in eine dort fest angebrachte Gabel gelegt, die gleichzeitig als Widerlager ausgebildet war.

Schon sehr bald jedoch kamen auch andere Konstruktionen auf, und heute beherrscht durchweg die ungefähr einem großen lateinischen Z nachgebildete Form den Markt. Die Stelle des oberen, wagerechten Balkens nimmt dabei der, meist zweizylindrige Motor selbst ein, die des unteren die Schraube, während eine senkrechte Welle mit Hilfe von Zahn- oder Kegelrädern für die Kraftübertragung sorgt. Auch Gelenkwellen sind hierfür schon zur Verwendung gelangt.

Wie schon gesagt, kommt dem Außenbordmotor natürlich die außerordentliche Entwicklung des Kleinmotors in der letzten Zeit gleichfalls zu Gute. Wir wissen, welche erstaunlichen Leistungen ganz winzige Maschinen dieser Art heut im Fahrrad aufweisen, und es liegt wohl auf der Hand, daß die Beanspruchungen, denen sie dort ausgesetzt sind, ganz erheblich größer sind als im Boot. Nicht nur fehlt der Staub und Schmutz der Straßen, gegen den die arbeitenden Teile mühsam geschützt werden müssen, sondern es fallen vor allen Dingen die ständigen Erschütterungen fort, die dem Motor in Wagen und Rad das Leben erschweren und ganz besonders hohe Anforderungen an Güte und Haltbarkeit des Materials stellen.

In Bezug auf ihre Qualität dürfen die auf dem Markt befindlichen Motoren dieser Art im Allgemeinen gleichwertig sein und durchweg bei nur einigermaßen sachgemäßer Behandlung — die selbstverständlich jede arbeitende Maschine verlangt — allen berechtigten Ansprüchen genügen. Ob man den Motor offen über das Heck hängt, oder ihn in einem, durch den Boden des Bootes reichenden Schacht arbeiten läßt, wie dies oben bereits erwähnt wurde, ist sachlich ebenfalls gleichgültig. In der Anbringung wird allerdings der Schachtmotor — eben durch den notwendigen Schacht-Einbau — etwas teurer kommen, dafür hat er in diesem Falle einfürallemal seinen Platz und braucht nur gehoben, bzw. gesenkt zu werden. Eine übergroße Arbeit ist jedoch auch das An- und Abmontieren des Heck-Motors kaum.

Renn-Segeln.

Es erscheint fraglich, ob selbst nur eine kurze, informatorische Erörterung des Rennsegelns in ein Büchlein hinein gehört, das lediglich für den absoluten Anfänger bestimmt ist. Wenn irgendwo im Segelsport, so ist beim Rennsegeln die Praxis einfach alles, und das gilt doppelt und dreifach, soweit man dabei an die Fahrzeuge der Kleinsegelei denkt. Bei der großen Konkurrenz, die Riesenfelder an den Start bringt, und bei der Empfindlichkeit kleiner, rennmäßiger Schwertboote, erfordert es eine Meisterhand an der Pinne, wenn man hier mit Erfolg in die Erscheinung treten will, denn Sieg oder Niederlage hängt gerade hier oft, wenn nicht meist von Bruchteilen einer Sekunde, die, einmal verschenkt, kaum, oder doch sehr selten wieder einzubringen sind, ab.

Neben so hohem, rein seglerischem Können setzt die Betätigung als Rennsegler (die genaueste Kenntnis der Wettfahrerregeln usw. ist ja wohl selbstverständliches Erfordernis?!) auch sehr eingehende Erfahrung in der Beurteilung von Wind und Wetter und möglichst auch enges Vertrautsein mit dem Revier voraus. — Letzteres ist in den meisten Fällen die eigentliche Ursache des viel vergeschrienen „Brisenglücks"; das auf die Dauer doch nur Segler haben, die auch sonst als Meister ihrer Kunst anzusprechen sind.

Am wenigsten anstrengend ist dabei — so merkwürdig es dem Laien auch scheinen mag — denn auch eine Wettfahrt bei v i e l W i n d , die trotz allem doch im Großen und Ganzen gleichmäßige Verhältnisse schafft. Bei flauer, oft ganz versagender, oft strichweise an, dem Neuling geradezu rätselhaft erscheinenden Stellen einsetzender Brise ist eine Regatta für Steuerleute und Mannschaften eine Nervenprobe, wie sie anstrengender kaum gedacht werden kann.

Im übrigen setzt die Beteiligung an Wettfahrten auch die Investierung wesentlich größerer Mittel voraus, als sie der Nachmittags- und Tourensegler benötigt. Zunächst ist die Anschaffung eines Bootes erforderlich, das oft sehr weitgehenden Vorschriften genügen muß. Es ist weiter, wenn man Preise erobern will, ratsam, nur einen ersten Konstrukteur und eine berufene Werft mit der Herstellung zu betrauen, und auch die Ausrüstung muß dementsprechend sein. Ein schlecht stehendes Segel genügt völlig, auch im besten Boot preislos zu bleiben, und es ist dabei noch zu bedenken, daß das bestgeschnittene Segel durch unsachgemäße Behandlung bei den ersten Fahrten vertrimmt werden kann. — Zu alledem kommt schließlich, daß auch das beste und tadellos geführte Boot oft schon in derselben Saison durch Neubauten übertroffen wird, und es ist also wohl durchaus nur ratsam, sich auf das Gebiet erst zu wagen, wenn man die nötigen Erfahrungen gesammelt hat.

Der Anfänger wird sich darauf beschränken, nach Erwerbung der ersten, praktischen Grundlagen in den internen Wettfahrten seines Vereins zu starten, wobei es noch wünschenswert erscheint, zunächst einem erfahrenen Kameraden das Steuer anzuvertrauen. Erst wenn er hier die nötige Praxis und Sicherheit erworben hat, mag er versuchen, auch an einer offenen Wettfahrt teilzunehmen. Er wird finden, daß es doch noch ein Unterschied ist, ob z. B., wie bei einer Klubwettfahrt 6 oder 8, oder bei einer großen, offenen Wettfahrt 30, 40 und noch mehr Boote mit dem fallenden Startschuß durch die Linie wollen.

Wie schon eingangs dieses Kapitels kurz betont, ist das absolute Vertrauen mit den Wegerechts- und Wettsegelbestimmungen einfach die Vorbedingung für jede rennseglerische Betätigung überhaupt. Es ist daher wohl angebracht, die als Urbild aller derartigen Bestimmungen in Deutschland anzusehenden Bestimmungen des Deutschen Segler-Verbandes hier wiederzugeben. Zu bemerken ist dazu, daß es für n i c h t a n e i n e r W e t t f a h r t b e t e i l i g t e Yachten v o r n e h m s t e s p o r t l i c h e A n s t a n d s p f l i c h t i s t, d e n W e t t s e g l e r n a u s d e m W e g e z u g e h e n. Das Kennzeichen für eine im Rennen befindliche Yacht war früher die im Segel angebrachte Nummer. Sie wird im besonderen von den, dem Deutschen Seglerverband angehörenden Fahrzeugen, heut zum großen Teil dauernd gefahren, doch ist es Vorschrift, die N a t i o n a l f l a g g e (die während einer Wettfahrt nicht wehen darf) zu setzen, sobald das Boot nicht im Rennen ist.

---

§ 28. Wegerechtsvorschriften
des Deutschen Segler-Verbandes

Überlappen und Klarsein.

Zwei Yachten, die auf gleichem oder annähernd gleichem Kurse segeln, überlappen, wenn eine Kursänderung eine von beiden unmittelbare Gefahr des Zusammenstoßens herbeiführen kann. Andernfalls gelten sie als klar voneinander.

Überholen.

Wenn eine von zwei auf gleichem oder annähernd gleichem Kurse segelnden Yachten zunächst klar hinter der andern segelt und derselben später derart aufläuft, daß dadurch Gefahr des Zusammenstoßes entsteht, so wird die erstere als überholende Yacht bezeichnet, und sie behält diese Bezeichnung, nachdem die Yachten überlappen, noch so lange bei, bis sie wieder klar von der andern geworden ist.

a) Eine überholende Yacht muß der überholten aus dem Wege gehen.

b) Wenn eine überholende Yacht die Überholung auf der entgegengesetzten Seite herbeiführt, auf der die überholte Yacht ihren Großbaum hat, darf die letztere durch Luven nach Belieben die erstere so lange verhindern, ihr luvwärts vorbeisegeln, bis sie in eine solche Lage kommt, daß die Spitze ihre Bugsprits — oder ihr Vordersteven, wenn sie kein Bugsprit hat — die überholende Yacht hinter dem Want des Hauptmastes treffen würde.

c) Eine Yacht darf niemals aus ihrem richtigen Kurse laufen, um eine sie überholende Yacht zu verhindern, ihr leewärts vorbeizusegeln. Als Leeseite wird diejenige angesehen, auf der die führende Yacht ihren Großbaum hat. Die überholende Yacht darf beim Vorbeisegeln in Lee nicht eher luven, bis sie von der überholten Yacht klar ist.

Begegnung, Kurskreuzung und Kursnäherung.

d) Eine Yacht mit raumem Winde muß einer beim Winde segelnden Yacht aus dem Wege gehen.

e) Eine mit Steuerbordschote beim Winde segelnde Yacht muß einer mit Backbordschote beim Winde segelnden Yacht aus dem Wege gehen.

f) Haben beide Yachten raumen Wind von verschiedenen Seiten, so muß diejenige, welche den Wind von Backbord hat, der anderen aus dem Wege gehen.

g) Haben beide Yachten raumen Wind von derselben Seite, so muß die luvwärts befindliche Yacht der leewärts befindlichen aus dem Wege gehen.

h) Segeln beide Yachten beim Winde mit gleichen Schoten und nähern sich ihre Kurse derartig, daß ein Zusammenstoß zu befürchten ist, indem die leewärts befindliche Yacht höher anliegt als die andere, wobei keine von beiden die Rechte des Überholtwerdens für sich beanspruchen kann, dann muß die in Luv befindliche Yacht der andern aus dem Wege gehen.

i) Wenn eine Yacht sich das Recht zum Kurshalten durch eine Wendung verschaffen will, so soll sie dasselbe nicht eher erwerben, als bis sie die Wendung vollendet hat, das heißt, bis ihre Segel voll und bei stehen. Einer Yacht gegenüber, welche ihrer Lage nach nicht aus dem Wege gehen kann, darf dieses Recht überhaupt nicht in Anspruch genommen werden.

Eine Yacht, welche so nahe bei einer andern über Stag geht, daß sie nicht volle Fahrt aufnehmen kann, ehe ein Zusammenstoß stattfindet, ist auszuschließen.

Kursänderung.

k) Wenn infolge einer der vorstehenden Vorschriften eine Yacht der anderen aus dem Wege gehen muß, so darf die letztere [vorbehaltlich des unter b) erwähnten Falles] ihren Kurs nicht ändern, um sie daran zu hindern.

Obgleich die kursberechtigte Yacht nicht verpflichtet ist, auf ihrem Kurse zu verbleiben, darf sie ihn doch nicht so ändern, daß die andere Yacht dadurch irregeleitet oder behindert wird, aus dem Wege zu gehen.

Ein Verstoß gegen diese Vorschriften kann im Protestfalle zum Ausschluß führen, gleichviel, ob er zum Zusammenstoß geführt hat oder nicht.

Die Ausrüstung des Seglers.

Die Erkenntnis, daß zu jedem Sport auch eine ihm angemessene Kleidung und Ausrüstung gehört, gewinnt erfreulicher Weise auch bei uns in steigendem Maße an Boden, und der Segelsport ist in dieser Beziehung auch schon immer führend gewesen.

Wir haben schon in einem früheren Abschnitt darauf hingewiesen, daß es für den Segler immer wünschenswert sein wird, einem Verein beizutreten. Schon allein, weil es nachgerade außerordentlich schwierig und kostspielig geworden ist, einen ordentlichen Liegeplatz für das Boot zu finden, u. a. m., dann aber wird gerade der Anfänger hier auch leicht das finden, was er unbedingt braucht: die praktische Unterweisung, ohne die alle Theorie wesenlos bleibt.

Die Seglervereine schreiben wohl alle den sogenannten K l u b - A n z u g (Zweireiher, blauer Rock und ebensolches Beinkleid) in Anlehnung an den sogenannten Bordanzug der Marineoffiziere vor. Die Knöpfe sind mit dem Stander des Vereins, oder mit einem Anker versehen. Dazu wird die blaue Schirmmütze getragen, die anstelle der Kokarde das Klubabzeichen trägt. Bei den gesellschaftlich eine besondere Rolle spielenden Vereinigungen ist nächstdem noch ein G a l a - A n z u g (charakterisiert durch die kurze, sogenannte Messejacke der Marine) mit vergoldeten Klubknöpfen in Gebrauch, der bei festlichen Anlässen im Klub a n s t e l l e d e s F r a c k a n z u g e s getragen wird.

An Bord trägt man den blauen Anzug zweiter Garnitur und, wenn man sein Boot lieb hat, Schuhe mit Gummisohlen, da genagelte Hacken auf dem Lack stets Spuren hinterlassen, die nicht zur Verschönerung des Fahrzeuges beitragen.

Aber auch für Regen und schlechtes Wetter muß der Segler gerüstet sein.

Solange wir mit unserm Boot auf dem Süßwasser von Spree und Havel bleiben, tut es der Gummi-Mantel, den wir auch an Land tragen. Nur muß es ein wirklich guter Mantel sein, denn er wird gelegentlich Dauer-

Proben ausgesetzt werden, die er sonst nicht so leicht gewöhnt ist. Auf See muß ein solcher Mantel den G u m m i s t o f f a u ß e n tragen, da imprägnierte, oder mit Gummifutter versehene Mäntel rasch eine Salzkruste bekommen, die sie sehr unansehnlich machen. Im Übrigen tritt hier, wie für den, der den Gummimantel nicht trägt, das Ö l z e u g ein, das in allen möglichen Ausführungen und — dementsprechend — Preislagen, von dem modernen „Schlangenhaut"-Stoff bis zum dicken, mit schwarzer Farbe behandelten Mantel zu haben ist. Ölzeug der letzteren Art ist selbstverständlich nicht gerade „elegant", besitzt aber den Vorzug, daß man es noch seinen Enkeln vererben kann, wenn man es richtig behandelt. Im Allgemeinen wird aber wohl der Segler die moderneren Ausführungen vorziehen.

Zum Ölzeug, bzw. zum Regenkleide des Seglers überhaupt gehört dann noch der sogenannte S ü d - w e s t e r, jene, einer Sturmhaube des Mittelalters ähnelnde Kopfbedeckung, die der Landratte im Allgemeinen als das Abzeichen des „richtigen" Seemannes zu erscheinen pflegt. — In der Tat ist der Südwester ein ebenso praktischer, wie auch kleidsamer Gegenstand. Es empfiehlt sich aber trotzdem, ihn nur aufzusetzen, wenn wirklich die Notwendigkeit vorliegt.

Schließlich gehört neben der sportliche Kleidung aber auch sportlich und seemännisch einwandfreies Verhalten an Bord und die Beachtung der sogenannten Y a c h t - g e b r ä u c h e zum „guten Ton" des Segelns. Wir geben nachstehend die „Yachtgebräuche des Deutschen Seglerverbandes" wieder, die auch für die außerhalb dieser Vereinigung stehenden Segler Geltung haben, und alles Wesentliche enthalten, was man wissen muß, um nicht unangenehm aufzufallen:

Y a c h t g e b r ä u c h e
d e s D e u t s c h e n S e g l e r - V e r b a n d e s.

§ 1. F l a g g e n z w a n g.

Jede mit einer ständigen Besatzung in Dienst gestellte Yacht muß die Handelsflagge oder die Landesflagge oder die Verbandsflagge oder eine Klubflagge führen. Vor Anker wird die Flagge am Flaggenstock gesetzt, unter Segel an der Großgaffel gefahren, nur Yawls und Ketschen heißen sie stets im Topp des Besanmastes. Yachten mit Hochtakelung führen die Flagge an der höchsten Stelle des Achterlieks. Auf See außer Sicht von Land oder bei schlechtem Wetter kann die Flagge niedergeholt werden. Es ist nicht üblich, während einer Wettfahrt eine der obengenannten Flaggen zu füren.

§ 2. Verbands- oder Klubflagge.

Yachten dürfen die Verbandsflagge oder eine besondere Klubflagge an Stelle der Handels- oder Landesflagge nur dann fahren, wenn ihnen eine solche amtlich zuerkannt ist.

§ 3. Fremde National- und Zweckflaggen.

Das Heißen der Nationalflaggen fremder Länder ist nur in dem im § 6 vorgesehenen Falle gestattet.

Namensflaggen, Namenswimpel oder Phantasieflaggen sind nicht zu führen.

Renn- bzw. Unterscheidungsflaggen sind außer bei der Flaggengala (§ 6) nur bei einer Wettfahrt zu heißen, können aber auch auf See als Erkennungszeichen ins Want gebunden werden.

Nach einer offenen Wettfahrt setzt die Yacht, welche einen Preis gewonnen hat, ihre Rennflagge als Preisflagge etwas unter dem Großtopp.

Bei anderen Gelegenheiten, z. B. nach dem Abschluß einer Wettfahrtreihe, nach oder bei der Rückkehr in den Heimathafen, usw., dürfen die Preisflaggen im Großtopp untereinander gesetzt werden, entsprechend der Zahl der im laufenden Jahre in offenen Wettfahrten gewonnenen Preise.

Im Hafen oder vor Anker liegende Yachten können eine kleine Flagge an der Nock der Saling heißen. Es bedeutet eine blaue rechteckige Flagge an der Steuerbord-Großsaling: „Eigner nicht an Bord"; eine weiße Flagge an derselben Stelle: „Der Eigner nimmt seine Mahlzeit ein".

Die in das Yachtregister des D. S.-Vb. eingetragenen Yachten von Mitgliedern der Kreuzer-Abteilung dürfen auf Kreuzfahrten im Bedarfsfalle als Erkennungszeichen die Abteilungsflagge zeigen, wenn ein Abteilungsmitglied an Bord ist. Sie ist im Hafen oder vor Anker, an der Saling oder im Want oder an entsprechender Stelle zu setzen. In Fahrt befindliche Yachten dürfen sie ausschließlich nur zur Verständigung mit anderen Fahrzeugen setzen. Als Heckflagge, Stander oder Gösch und dergleichen, im Topp oder an der Gaffel darf sie nicht geführt werden.

§ 4. Klubstander.

Jede in Dienst gestellte Yacht muß, auch wenn sie keine ständige Besatzung hat, den Stander eines der Klubs bzw. Vereine, bei denen sie eingetragen ist, führen. Der Stander weht Tag und Nacht im Topp der Großstänge bzw. des Pfahlmastes. Eine Yacht, welche bei mehreren Klubs eingetragen ist, führt im Heimathafen den heimischen Stander, im fremden Hafen den Stander des dortigen ältesten Vereins, dem der Besitzer angehört. Soll einem Klub bei Festlichkeiten eine besondere Ehrenbezeugung erwiesen werden, so heißen die ihm angehörigen Yachten sowohl im heimischen als auch im fremden Hafen dessen Stander. Vertritt eine Yacht im fremden Hafen in besonderer Veranlassung einen bestimmten Klub, so hat sie dessen Stander zu führen.

Diejenigen Yachten, welche eine besonders verliehene Klubflagge führen, können in heimischen Gewässern nach den für diese Flagge geltenden Bestimmungen in den obengenannten Fällen den Stander eines anderen Klubs nur neben dem Stander des betreffenden Klubs heißen.

§ 5. Flaggenparade.

Vor Anker soll die Flagge vom 1. Mai bis 1. Oktober von 8 Uhr morgens, in den anderen Monaten von 9 Uhr morgens bis zum Augenblicke des Sonnenunterganges wehen, die Zeit des Heißens und Niederholens — die Flaggenparade — geben die im Hafen bzw. auf der Reede liegenden Kriegsschiffe an. In Ermangelung solcher haben sich die Yachten nach der hierzu berufenen Yacht des am Orte heimischen Klubs, und wo ein solcher nicht vorhanden ist, nach der führenden Yacht des ältesten Klubs zu richten.

§ 6. Flaggengala.

Vor Anker flaggen die Yachten bei festlichen Anlässen über die Toppen. Zum Ausflaggen werden ausschließlich die Signalflaggen in der Weise verwendet, daß sie in gleichen Abständen von der Nock des Klüverbaumes über das Stängegut bis zur Nock des Großbaumes ausgeholt werden.

Unter den Klüverbaum wird allein die Renn- oder Unterscheidungsflagge gesetzt.

Zur Flaggengala gehören Handels- oder Landes- oder Verbands- oder Klubflaggen als Toppflaggen. Der Klubstander bleibt stehen und weht in gleicher Höhe mit der Toppflagge.

Soll die Flagge eines fremden Staates geehrt werden, so wird dieselbe unter Flaggengala an Stelle der eigenen Handels-, Landes-, Verbands- oder Klubflagge neben dem Klubstander geheißt, bei Schonern weht in den anderen Toppen die eigene Handels-, Landes-, Verbands- oder Klubflagge

In der Fahrt haben Dampfer dieselbe Flaggengala wie vor Anker. Segler können auf der Fahrt vom Gut der Stänge bzw. des Pfahlmastes über die Nocken der Salinge nach den Rüsten ausflaggen.

Die Toppflaggen werden wie vor Anker gesetzt.

§ 7. Begrüßung und Ehrenbezeugung.

Die Begrüßung der Yachten untereinander geschieht durch einmaliges „Dippen", d. h. Halbniederholen und Vorheißen der Flagge.

Ein Kriegsfahrzeug, welches auf See oder im Hafen angetroffen wird, ist entweder in derselben Weise oder durch Vorbeifahrt mit gesenkter Flagge zu grüßen.

Bei einem Geschwader erstreckt sich der Gruß nur auf das Admiralschiff.

Ein zweisitziges Klepper-Faltboot mit 4,5 qm Luggerbesegelung.

Klepper-Faltboot auf einem schweizer See.

Segelboot mit Radioanlage.

Antenne von der Apparatur zum Mast, diesen entlang bis zur Gaffel, zur Gaffelspitze und von da zur Großbaumspitze. Material: Klingeldraht. Erfolg: Mit 3 Röhren bester Lautsprecher-Empfang von Berlin II auf dem Lehnitzsee.

Nationale Jollen im Rudel an der Tonne.

Phot. Hohmann

Ehrenbezeugungen erfolgen durch Halbniederholen der Flagge und des Standers, beide werden erst nach der Vorbeifahrt wieder vorgeheißt.

Bei Ehrfurchtserweisungen nimmt außerdem die Besatzung die Kopfbedeckung ab.

Wenn eine Yacht auf einen Ankerplatz kommt, auf welchem sich andere Yachten befinden, so hat die einkommende Yacht zuerst zu grüßen. Der Gruß darf unterbleiben, wenn Segelmanöver ihn unausführbar machen.

Salutieren mit Böllern ist nicht gebräuchlich.

§ 8. Trauer.

Als Zeichen der Trauer wird die Flagge halbstocks und der Stander in der Höhe der Saling gesetzt.

Nur vor Anker wird getrauert. Die Trauer dauert bis zu Beendigung der Beisetzung.

§ 9. Zeitweilige Außerdienststellung.

Verläßt ein Eigner auf länger als drei Tage den Ort, wo seine Yacht ankert, so ist für die Dauer seiner Abwesenheit der Klubstander niederzuholen. Auf einer Yacht mit ständiger Besatzung wird indessen die Handels-, Landes-, Verband-, oder Klubflagge weitergeführt. Die Yacht gilt dann als „zeitweilig außer Dienst gestellt".

Es ist abschließend für den Anfänger noch wünschenswert, die „Frage" der Nationalflagge kurz zu streifen. Nach dem mit einer Stimme Mehrheit gefaßten Beschluß der Weimarer Nationalversammlung ist der alten deutschen Handelsflagge (die auf See jedes Fahrzeug führen resp. zeigen muß) mit ihren drei gleich breiten, schwarz-weiß-roten Streifen als Abzeichen der Revolution ein schwarz-rot-goldenes Rechteck im schwarzen Flaggenstreifen eingeführt worden. Es ist dies zurzeit die offizielle deutsche Handelsflagge. Auf Binnengewässern ist jedoch unbestreitbar die Führung einer Flagge in den Farben der engeren Heimat des Eigners zulässig.

Die Anschaffung eines Bootes.

Daß die Anschaffung eines Bootes, wenn sie nicht oft recht schmerzliche Enttäuschungen bringen soll, in ihrer Art eben solche Kenntnisse erfordert, wie etwa der Pferdekauf, ist etwas, was die wenigsten Anfänger bedenken und glauben. Gerade in der Gegenwart ist aber dies Kapitel besonders aktuell, denn das außerordentlich gewachsene Interesse für den Kleinsegelsport hat auch bereits ein Angebot von Fahrzeugen hervorgebracht, das bestechend erscheint, bei dem aber keineswegs alles Gold ist, was glänzt.

Es sind vier Wege gegeben, um in den Besitz eines Segelbootes zu kommen: das In-Auftrag-Geben eines Neubaus bei einer der vielen Werften, den Kauf eines alten Bootes, den Kauf eines der vielen Serien-Erzeugnisse größerer Fabriken und schließlich den, seit dem Kriege auch bei uns viel geübten Selbst-Bau.

Über den Letzteren besonders ist in den vergangenen Jahren viel und gründlich geschrieben worden. Es ist nicht zu leugnen, daß er seine Reize hat, und besonders in Amerika bilden die Amateur-Bootsbauer eine ebenso zahlreiche, wie unternehmungslustige Gilde. Es gibt drüben sogar Fabriken, die diesen Narren das gesamte Material für bestimmte Bootstypen fertig zugeschnitten und bearbeitet dergestalt liefern, daß nach den — allerdings etwas anfechtbaren — Versicherungen ihrer Prospekte zum Fertigmachen des segelklaren Bootes nur noch ein guter Hammer gehört, — aber — — wer nicht eine Handfertigkeit besitzt, die immerhin über den Durchschnitt steht, dürfte besser tun, die Hände davon zu lassen. Umsomehr als, besonders unter den heutigen Verhältnissen die zu erzielende Ersparnis kaum sehr erheblich sein dürfte und durch das geringste Mißgeschick in das Gegenteil verkehrt werden kann. —

Der Neubau bei einer guten Werft hat den unbestreitbaren Vorzug, dem Auftraggeber von vornherein die Gewißheit zu geben, etwas wirklich Einwandfreies zu erhalten. Wir verfügen heute in Deutschland über Yachtwerften, die es mit jeder anderen in England oder Amerika aufnehmen können und gerade in der letzten Zeit sind einigen dieser Firmen sogar von dort aus sehr große Aufträge anvertraut worden, die nach dem einstimmigen Urteil der Fachpresse in ausgezeichneter Form gelöst worden sind. — Allerdings .. kostet solche Qualitätsarbeit Geld. Die kostspieligen Einrichtungen der Werft, die geistige Arbeit des Konstrukteurs und die Löhne der fachqualifizierten Arbeiter, die alle Spezialisten ihres Faches sein müssen, wollen natürlich bezahlt sein.

Der absolute Anfänger wird heute nun aber damit auskommen, wenn er ein Serienboot kauft, wie es schon für wenige hundert Mark angeboten wird. Allerdings sollte er sich gerade hier zunächst von einem Erfahreneren beraten lassen, denn es ist keineswegs gleichgiltig, was er kauft. Wer zunächst gewissermaßen sich erst einmal an das fremde Element gewöhnen will und gelegentlich am Nachmittag ein paar Stunden auf dem Wasser verbringt, der wird mit einem einfachen Sharpie-Kanu auskommen und bald selbst zu beurteilen wissen, ob er weitere Schritte unternehmen kann, bezw. in welcher Richtung.

Wer aber von vornherein „segeln" will, muß sich schon an andere Typen halten, darf aber dann nicht erwarten, daß die kleine Jolle, zu der man ihm vielleicht rät, sich nun auch umgekehrt als Paddelboot verwenden läßt.

Was den Kauf eines alten Bootes angeht, so kommt der Kundige dabei meist sehr gut weg. — Wie schon in dem Kapitel „Rennsegeln" ausgeführt wurde, wird selbst ein gutes Boot oft schon in derselben Saison durch Neubauten für seinen eigentlichen Zweck entwertet und es bleibt nur übrig, es zum Verkauf zu stellen, wobei zu berücksichtigen ist, daß ein solches Fahrzeug für den Nicht-Rennsegler oft außerordentlich brauchbar ist und jahrelang Dienst tun kann. Andererseits kommt es natürlich sehr stark darauf an, um welche Klasse von Booten es sich handelt. Allzu hoch entwickelte, leicht gebaute Rennboote sind für den Anfänger einmal reichlich empfindliche Instrumente, und weiterhin auch selbst für den, der sie seglerisch vielleicht meistern kann insofern nicht das Richtige als sie für die Sonderzwecke des Wandersegelns zu zart und zu wenig stabil sind.

Daneben sind naturgemäß Fahrzeuge auf den Markt, die entweder Fehlbauten, oder aus schlechtem Material gebaut, oder schließlich wirklich „alt" sind. — Was alles ein tadellos neuer Lackfarben-Anstrich zuzudecken vermag, ahnt der Laie kaum, und noch weniger hat er einen Begriff davon, was „kleine" Reparaturen, von denen vielleicht der Verkäufer biedermännisch spricht, in Wirklichkeit kosten können. Besonders wer ein etwas größeres Fahrzeug haben will, ist, wenn er nicht von vornherein den Neubau wählt, im Wesentlichen auf den Kauf eines älteren Fahrzeuges angewiesen. Will er trotzdem vor oft recht schmerzlichen Enttäuschungen bewahrt bleiben, so scheue er selbst einige Kosten nicht, um sich für den Kauf einen sachverständigen Beirat zu sichern. — —

Erwünscht dürften schließlich noch einige Worte über die **Baumaterialfrage** sein.

Das für den Bootsbau überwiegend in Betracht kommende Material ist Holz, und zwar wird man die verschiedenen, hier zur Verwendung kommenden Holzarten etwa folgendermaßen klassifizieren können:

1. **Mahagoni**:

Die beste Sorte ist **Tabasco-Mahagoni** aus Honduras. Es ist in langen und breiten Stücken zu haben. Die ursprüngliche Farbe ist dunkelrot oder rosa; sie wird verarbeitet immer dunkler. Das Holz ist hart, sehr dauerhaft, schwer zu bearbeiten, von feiner gleichmäßiger Struktur. Es wird zu vielen Bootsteilen, namentlich auch zu Außenhaut- und Decksplanken (Mittelstücke und Leibhölzer, Abdeckungen bei Sportruderbooten) verarbeitet, und ist da, wo das Holz unter Lack oder Politur durch seine schöne Färbung und Maserung wirken soll, unersetzlich, aber auch entsprechend teuer.

Eine ebenso gute Sorte ist „Sapeli-Mahagoni". Es kommt aus den englischen Kolonien an der Westküste von Afrika, ist rötlich in der Farbe und hat z. T. wunderbar gemaserte Stücke. Diese werden gern poliert zu Kajütseinrichtungen verarbeitet, während weniger geflammte Stücke auch zu deckend gestrichenen Bootsteilen Verwendung finden. Dagegen ist das, besonders seit dem Kriege gern einfach als „Mahagoni" bezeichnete G a b o o n - M a h a g o n i ein ziemlich minderwertiges Holz. Es kommt aus Französisch-Kongo, ist hellrot in der Färbung und außerordentlich weich und faserig. Durch geschickte Bearbeitung und Lackierung lassen sich allerdings Boote aus diesem Holz herstellen, die einen bestechenden Eindruck machen. K e i n e s f a l l s ist G a b o o n m e h r w e r t a l s g u t e s, a s t f r e i e s T a n n e n - o d e r K i e f e r n h o l z. Im Gegenteil dürfte meist das Letztere den Vorzug verdienen.

2. Z e d e r:

Zedernholz ist ein gleichfalls ziemlich teueres und wertvolles, aber auch sehr beliebtes Holz für leichte Sportruderboote, insbesondere für Rennboote, sowie für Segelgigs und leichte Jollen. Es ist sehr haltbar und wetterbeständig, saugt aber begierig Wasser auf, muß daher gut unter Lack gehalten werden.

3. F i c h t e:

Fichtenholz ist weich, leicht spaltend und leicht zu bearbeiten. Es wird zu Kielen von leichten Sportruderbooten, zu Seitenwänden bei Kähnen, zu Fußböden, Türen, Fenstern usw., besonders gern unter Leinwand oder Linoleumbelag, verwendet In Norwegen werden jedoch schon seit langem auch ganze Boote und Yachten sehr billig, einfach und genügend haltbar aus Fichtenholz gebaut. Besser, weil harzreicher und gleichmäßiger in der Struktur ist.

4. K i e f e r, oder F ö h r e,

ein Holz, das, wenn es in guter Qualität verarbeitet wurde, für kleine Wander-Segelboote in jeder Hinsicht ausreicht. Selbstverständlich erhalten Kiefergeplantete Boote einen Farbanstrich.

Ob

5. Eiche

gerade für die hier in Betracht kommenden Boote sehr geeignet ist, kann fraglich erscheinen. Mindestens ist es bekanntlich ziemlich schwer und „arbeitet" auch sehr stark. Ein eichenes Boot muß sehr sorgfältig gebaut sein. Im allgemeinen wird jedenfalls Eiche ebenso wie andere ähnliche Holzarten, nur für schon etwas größere Fahrzeuge in Betracht kommen.

Anhang.

Radio im Segelboot

Von Ing. HAPPACH

Mit 3 Abbildungen im Text und 1 Abbildung auf Kunstdruck

Radio im Segelboot
Von Ing. HAPPACH

Zum „Komfort" eines jeden Segelbootes gehört heute ohne Zweifel auch ein R a d i o - A p p a r a t. Da es bei der Unmenge der zur Zeit auf dem Markt befindlichen Apparattypen nicht ganz leicht ist, das jeweils zweckmäßigste Gerät herauszufinden, wollen wir zunächst einmal die einzelnen Empfängertypen einer kurzen Prüfung hinsichtlich ihrer Leistung unterziehen, zum Schlusse möge dann noch einiges über die Installation und die Unterbringung der Apparate innerhalb des Segelbootes ausgeführt werden.

I. Apparattypen.

Die einfachsten und daher billigsten Apparate sind bekanntlich die D e t e k t o r e n e m p f ä n g e r. Sie gestatten lediglich Kopfhörerempfang und dürften daher auf Segelbooten nur in unmittelbarster Nähe der Sendestation — erfahrungsgemäß bis auf eine Entfernung von 10 bis 15 km von derselben — in Frage kommen. Bei größeren Entfernungen wird die Lautstärke so gering, daß von einem Genuß nicht mehr die Rede sein kann.

Die ungefähren Kosten einer Detektor-Empfangsanlage sind nachstehend unter der Voraussetzung zusammengestellt, daß die Installation von dem Bootsbesitzer selbst vorgenommen wird:

1 Detektorenempfänger	15.— bis 25.— M.
2—3 Hörer	16.— „ 30.— „
Antennenanlage und Erdung	3.— „ 5.— „
	34.— bis 60.— M.

Bei Selbstanfertigung des Apparates verringern sich die Kosten um 10.— bis 20.— Mark.

Wem die geringe Lautstärke des Detektorenapparates nicht genügt, wird einen E i n r ö h r e n e m p f ä n g e r (mit Rückkoppelung) einbauen. Die Lautstärke ist hier auf 30 km Entfernung von der Sendestelle noch ausgezeichnet, auch gestattet die Apparatur die Benutzung mehrerer Kopfhörer, bis zu etwa 6 Stück. Ein Nachteil ist die etwas schwierige Einstellung und vor allem die Notwendigkeit eines Akkumulators für die Beheizung der Röhre und einer Anodenbatterie.

Ungefähre Kosten:

Empfangsapparat mit Röhre	30.— bis	60.— M.
Heizbatterie	10.— „	40.— „
Anodenbatterie	4.— „	6.— „
2 bis 6 Hörer	20.— „	60.— „
Antennenanlage und Erdung	5.— „	10.— „
	69.— bis	176.— M.

Vom Einröhren-Empfänger mit Hörerbetrieb bis zum M e h r r ö h r e n - E m p f ä n g e r und Lautsprecherbetrieb ist es nur ein kleiner Schritt — technisch wenigstens, finanziell leider nicht.

Ein guter Zweiröhrenapparat, bei dem die erste Röhre als Audion, die zweite als Niederfrequenzverstärkerröhre geschaltet ist, gestattet Lautsprecherempfang bis auf 20 km Entfernung von der Sendestation, bei besonders guter Antennenanlage sogar noch weiter; mit drei Röhren hat man schon ein Universalgerät, das nirgends versagen dürfte. Vier und mehr Röhren kommen nur da in Frage, wo man auf eine besondere Antennenanlage verzichten, und mit Rahmenantennen arbeiten will.

Ungefähre Kosten:

Empfangsapparat mit zwei bzw. drei Röhren	60 bis	150 M.
Heiz- und Anodenbatterie	20 „	40 „
2 Hörer	15 „	25 „
1 Lautsprecher	50 „	80 „
Antennenanlage und Erdung	5 „	15 „
	150 bis	310 M.

II. Antennenanlagen.

Für die Lautstärke des Radioempfanges ist neben einer guten Apparatur auch die A n t e n n e n a n l a g e ausschlaggebend. In einfachster Form besteht sie auf Segelbooten in einem Doppeldraht, den man in etwa 5—10 cm Abstand parallel zum Großbaum über 2 Isolierrollen von mindestens 30 mm Durchmesser verlegt. Die eine Porzellanrolle befestigt man — entweder direkt mit einer Schraube oder vermittelst einer Schelle — unmittelbar unterhalb der Mastspitze, die untere etwa 75 cm über dem Boden des Bootes. Dann legt man den Antennendraht (Antennenlitze von mindestens 4 mm Durchmesser) über die obere Rolle und bindet beide Enden unterhalb der unteren mit einem Knoten zusammen. Dieser Knoten wird gut verlötet; von den beiden übrigen Enden schneidet man das eine ab, das andere führt man zum Empfangsapparat.

Da die Kapazität dieser Antenne nicht groß ist, wird es oft zweckmäßig sein, auf der gegenüberliegenden Seite des Mastes einen gleichen gut isolierten Doppeldraht zu spannen und diesen oben, in der Mitte und unten mit dem andern metallisch zu verbinden. Daß die Drähte jeweils so zu führen sind, daß sie die Bewegung der Segel nicht hindern, ist selbstverständlich.

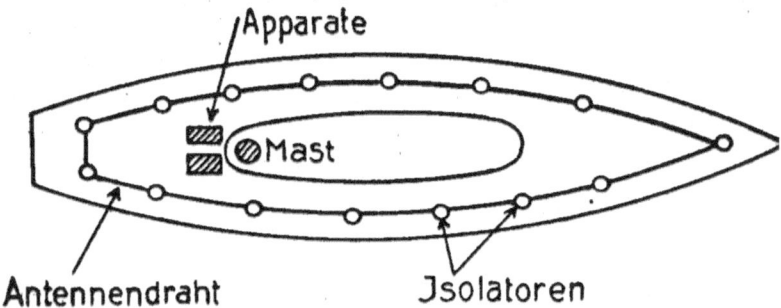

Wesentlich wirksamer als die beschriebene ist folgende Anordnung. Man bringt auf den Winkeln, welche die Reeling stützen, die Isolierrollen an und legt über diese die Antennenlitze so, daß ein in sich geschlossenes Drahtgebilde entsteht (Abb. 1). Wenn man will, kann man zur Erhöhung der Kapazität eine zweite gleiche „Ringantenne" in etwa 15 cm Abstand neben die erste anordnen und sie an 4 oder mehr Stellen mit der ersten durch einen Draht verbinden. Diese Antenne hat sich bestens bewährt: man muß nur beachten, daß sie von den Bootsinsassen nicht berührt wird, da sich sonst die Antennenkapazität und damit unter Umständen die Abstimmung ändert.

Eine dritte Möglichkeit, sich eine übrigens gleichfalls recht wirksame Antennenanlage zu schaffen, besteht darin, daß man in das Großsegel einen in einer Gummiader geführten Draht etwa gemäß Abb. 2 oder Abb. 3 einnäht. Das obere Ende des Drahtes bleibt frei, während das untere an die Antennenklemmen des Empfängers geführt wird. Auch das Focksegel kann evtl. in der beschriebenen Weise benutzt werden.

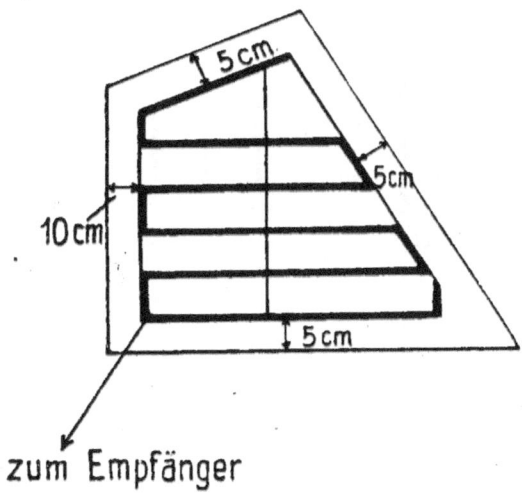

zum Empfänger

Endlich sei noch erwähnt, daß zur Not die Wanten — sofern sie aus Stahldraht bestehen und oben wie unten durch einen Abspannisolator isoliert werden können — als Antenne benutzt werden können, ebenso die häufig vorhandenen Stahldrahteinlagen des Großsegels.

Apparate, welche für Rahmenempfang eingerichtet sind, bedürfen, wie bemerkt, keiner besonderen Antennenanlage.

III. Erdung.

Bekanntlich muß jeder mit einer Hochantenne der beschriebenen Art betriebene Radioapparat auch geerdet werden. Bei Bootsempfängern kann natürlich von einer „Erdung" im ursprünglichen Sinne des Wortes nicht die Rede sein; die notwendige Verbindung des Apparates mit der Erde erfolgt hier durch das Wasser. Bei Segelbooten mit Schwert befestigt man den sogen. Erdungsdraht am besten an der Stahltrosse des Schwertes oder man lötet ihn — bei Flossenkielern — direkt an

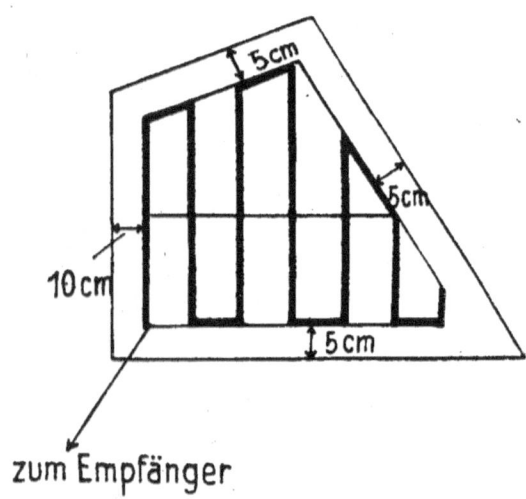

die Bleiflosse — je größer die Metallfläche ist, desto günstiger. Es ist ferner zweckmäßig, die Erdleitung zum Apparat so kurz wie möglich zu halten.

IV. Unterbringung der Apparate.

Die A p p a r a t e selbst sowie die Akkumulatoren wird man innerhalb des Bootes an einer Stelle unterbringen, wo sie einerseits leicht erreichbar sind, andererseits nicht hindern, also irgendwo unterhalb der Reeling. Daß sie vor Spritz- und Leckwasser sicher stehen müssen, ist selbstverständlich.

Bei der Wahl der Akkumulatoren ist darauf Bedacht zu nehmen, daß Säure auch bei geneigtem Boote nicht ausfließen kann; eventl. empfiehlt es sich, die Batterie in einer besonderen Holzkiste unterzubringen. Als Spannung kommen 6 Volt, d. h. 3 Zellen in Frage. Ueber die zweckmäßigste Größe (Kapazität) der Akkumulatoren kann man geteilter Meinung sein. Als kleinste Type kommt wohl die in Betracht, die einen mindestens dreistündigen Betrieb gestattet. Bei drei Röhren also eine Kapazität von etwa 4 bis 5 Amperestunden. Ein Akkumulator von dieser Größe ist noch leicht genug, um beim Transport auf weitere Entfernungen nicht lästig zu fallen, so daß man ihn zu jeder Bootsfahrt von Hause geladen mitnehmen, und nach beendeter Fahrt zum Laden wieder nach Hause tragen kann. Größere Akkumulatoren halten zwar länger aus, sind indes so schwer, daß sie für längere Transporte ungeeignet erscheinen; man wird sie nur dann wählen, wenn man in seinem Bootshause oder in unmittelbarer Nähe desselben Gelegenheit zum Aufladen hat. Ueber eine Kapazität von 20 Amperestunden hinauszugehen ist nicht ratsam.

Als Anodenbatterien kommen ausschließlich die handelsüblichen Trockenbatterien in Frage.

Der Empfangsapparat wird zweckmäßig zugleich mit den Batterien auf ein besonderes Brett geschraubt, das an der für geeignet befundenen Stelle des Bootes zwischen zwei dort angebrachte Leisten geschoben wird; auf diese Weise läßt sich die ganze Apparatur leicht entfernen und evtl. anderweitig verwenden.

Als Verbindungen sind solche mittels Stecker und Buchsen allen andern vorzuziehen.

Auch der Lautsprecher ist gut zu befestigen, um ein Umstürzen zu verhüten. Lautsprecher mit Trichter sind auf Booten den trichterlosen wohl vorzuziehen, da sie den Schall besser zusammenhalten als diese.

Bei dem gegenwärtigen Stande der deutschen Radiotechnik erscheint die Installation und Bedienung der Empfangsanlagen noch etwas kompliziert; es besteht jedoch kein Zweifel darüber, daß die Apparaturen ganz wesentlich einfacher werden, wenn erst die stromsparenden Oxydkathodenröhren in gleichmäßig einwandfreier Ausführung auf dem Markte erscheinen; denn dann wird es auch möglich, Empfangsapparate zu konstruieren, die einschließlich der eingebauten Batterien, des Lautsprechers und der Antenne nicht wesentlich größer sind, als etwa eine photographische Kastenkamera seligen Angedenkens!

www.ingramcontent.com/pod-product-compliance
Lightning Source LLC
Chambersburg PA
CBHW020130010526
44115CB00008B/1060